社会科でまちを育てる

長瀬拓也

東洋館出版社

はじめに

2020年、学校教育は岐路に立たされました。

新型コロナウィルスの感染拡大によって、学校での活動は大きく制限されました。これほどまでに、学校教育の意義が問われ、社会のあり方を考える年は、今までなかったと思います。

そして、社会のあり方を考えるということは、**社会科のあり方も考える時が来ていると言えます。**

本書は、私が修士論文でまとめた研究をもとにしています。しかしながら、新型コロナウイルスの登場によって社会が大きく変化した中、これからの社会科を案じ、今までの実践も取り入れ、大幅に加筆修正しました。

社会科は、ご存知の通り、そのねらいは「公民的資質の育成」です。子どもたちの言葉に変えれば、**「これからの社会をつくるための力」**を身に付けることだと言えるでしょう。

しかし、社会科は「これからの社会をつくるための力」を身に付ける教科であったと言えるでしょうか。もう一度、そのことを問い直す必要があります。

そうした中で、私にヒントを与えてくれたのが今まで出会った子どもたちと「まち」の存在でした。

私は、京都の大学を卒業後、横浜市の小学校教員になりました。

生まれ育った岐阜県ではなく、あえて縁もゆかりもない地で教職を勤めることになりました。自分の中では武者修行のような気分でした。

２００４年春、新横浜駅を降りた私は、そこから新しいアパートに向かいました。伝統と歴史がある古都、京都から一転、常に進化し続ける港町の横浜で新生活を始めることになりました。入居初日に大家さんから、「三日住めば浜っ子だから」と言われたことを今でも覚えています。浜風を感じ、開放的な雰囲気が漂いながら、それでいて下町のよさも残る「横浜のまち」での生活がとても気に入りました。

勤務校は、横浜駅からバスでおよそ30分程度のキャベツ畑が広がる郊外の学校でした。岐阜県の山村の出身者である私にとって、横浜にもこうした農家に接する場所もあるのかと驚きました。しかし、そうした「横浜のまち」の多面的な姿も気に入り、学校の周りを

写真：東阪航空サービス／アフロ

よく歩いたり、祭りに参加したりしたこともありました。

　初任者の頃は、学級をまとめることに苦労し、悩むことも多くありました。しかし、学校から帰ると、お洒落なお店があり、プロサッカーチームの試合があり、港が見える公園がありと、横浜のまちの一つひとつが私にとって刺激的でした。横浜市内を歩けば歩くほど、様々な出会いに驚き、元気をもらうことができました。そうした横浜の「まち」のもつ明るさや先輩の先生たちに厳しくも温かく励まされて、次第に学級も落ち着いてくるようになりました。
そうなると、もっと授業の質を高めたいという思いが湧いてきました。

子どもたちにアンケートをすると、社会科は人気のない教科のナンバー1でした。ガックリすると同時に妙に納得もしてしまいました。ゲーム的なものを取り入れても、毎回できるわけではありません。授業のプランは単発的であり、子どもたちも主体性に欠け、受け身で授業をしているような感じでした。

そんな時、ある授業から子どもたちの変容が見られ、はっとしたことを覚えています。それが「ダムに沈んだ村」を取り上げた授業でした。神奈川県には、水資源を確保するために、村がダムに沈んでしまうことがありました。このことを記録として残した教育用ドキュメンタリービデオが学校にあり、そのビデオを見た後に、「もし、今住んでいるまちだったらどうする」と投げかけました。今から思えば、やや乱暴な問いかけでしたが、子どもたちは、とても熱心に話し始めたことを覚えています。

「他のまちのために受け入れ、まちがダムに沈んでも仕方がない」

という意見があれば、

「やはり、自分のまちは捨てたくない。ダムに沈むのはどうしてもいやだ」

といった意見も出てきました。真剣に話し合う子どもたちの姿に心を動かされたことを今でも覚えています。

この出来事の後、ある言葉が今でもずっと私の胸の中で響くようになりました。

それは、

「**自分ごと**」

という言葉です。

これは、初任者の頃、横浜市の生活科の教育課程の研修で教えてもらった言葉です。この言葉がずっと心に引っ掛かっていたのですが、ダムの授業をきっかけに、私の中にすっと広がるようになりました。

こうした若い頃の経験から、**子どもたちにとって住んでいる「まち」を視点にした学びを考えると、学びが「自分ごと」として捉えることができるのではないか**と考えるようになりました。

横浜市の教員を務めた後、岐阜県の教員になりました。それは、父の教え子の方から

「タイムカプセルを開けたいので立ち会って欲しい」と頼まれ、そこで父が書いた学級通信を読んだことがきっかけです。私が高校生の頃、中学校の社会科教員だった父は白血病で他界しました。子どもたちに対する父の熱い思いが伝わり、大好きだった横浜市と別れを告げることにしたのです。

私が子どもの頃に見た教材研究に取り組む父の姿を思い出しながら、

「子どもたちが社会科を生き生きと学ぶにはどうしたらよいか」

「学習者の追究力を高めるにはどうすればよいか」

そんな問いを横浜市から岐阜県に移った後も考え続けていました。

岐阜県では、小学校、中学校、また小学校と異動しましたが、ありがたいことにどの学校でも社会科を中心に研究できる環境に恵まれ、地域教材を使った社会科の実践をすることができました。

また、他の学校の研究発表を見ると、高学年でもまちの人や文化、歴史を織り交ぜながら教材を開発して取り組んでいる先生たちに出会いました。**教科書の内容をそのまま教えるのではなく、そこに「自分たちのまち」というエッセンスを加えることで授業が子どもたちにとってより身近なものになっていく**様子を感じることができました。

こうした出会いから、**「地域学習を学ぶ中学年のみならず、どの学年でも地域（まち）を生かした社会科をつくることができないだろうか」**と考えるようになりました。

縁があって私学に移ってからも、社会科に「まち」を加えることを大切にしようと考えました。私学は、公立と違って様々な地域から子どもたちが通ってきます。そうなると、一見、まちを生かした授業や地域学習は難しいように思えます。しかし、逆の視点から考えれば、様々な地域のよさを伝え合うこともできます。また、「まちのことを教える」のではなく、**「まち」という視点で社会の事象を見ることで新しい考えや気づきが生まれるのではないか**と考えました。

そこで、さらに社会科について研究を深めたいと考え、働きながら岐阜大学大学院教育学研究科で学ぶことにしました。そして、指導教員の益子典文先生のご指導のもと、今までの実践を理論化したものが、**「まちづくり的社会科」**です。

本書では、今までの実践と研究を踏まえて、これからの社会科授業のあり方について、私の考えと実践を提案させて頂きます。本書を通して、皆さんと共にこれからの社会科や学びのあり方を共に考えてくことができればと考えています。

写真：田中秀明／アフロ

目次

第五章　社会科授業の土台づくり

第六章　まちとつながる教材づくり

第七章　社会科と学級づくり

第一章

社会科は今、試されている

一、アフターコロナの社会を生き抜くために

２０２０年2月末、総理大臣による突然の全国一斉休校要請。それから4ヶ月ほど、日本中の学校から子どもたちの声が消えた。私たち教員も職員室で作業することが増え、教室と校庭は子どもたちの声を失った。しかも、日に日に深刻さは増していき、ついには職場より自宅で仕事をする時間が増えていった。

子どもたちの学びの機会を何とか保障したい。子どもたちとのつながりを大切にしたい。そうした想いからオンライン学習も始まっていった。しかし、だれもが経験したことがない事態。トライアンドエラーを繰り返しながら、少しずつ学びの場を作っていく中で、緊急事態宣言が収束し、分散登校、そして、長く続くマスク生活が始まった。

こうした状況が、早く過去のものになってほしい。「あの時は大変だったよね」と振り返ることができる日になってほしい。これが当時の私の心境だった。見えないものとの戦いは、教員の精神的な疲労にもつながった。そのような状況でも学校現場では力を合わせ、

できることを精一杯行った。

私自身、こうしたコロナ禍の中で、全国の先生とつながり、オンラインで意見交流ができたことは、心の安定に繋がった。そして、この期間は、自分を見つめ直す機会になった。ある時、オンラインの教材を作ることになった。まだ一度も出会ったことのない子どもたちを想像しながら、社会科の授業びらきの教材を作っていく中で、社会科の存在意義を強く考えざるを得なかった。

社会の出来事に関心をもつこと。そして、社会の出来事に何らかのアクションを起こすこと。自分たちの地域社会を担う存在を育てることは社会科の本来の目的であり、これからのアフターコロナの社会を考える上で極めて重要なことでもある。

コロナ禍においては、多くの人が普段はあまり見ないような国会中継や総理大臣の会見を見聞きし、政府に様々な要望を伝えた。こうした光景は今まではあり得なかった。一人ひとりの政治や社会に対する声が集まると大きな力になっていくことを肌で感じることもあった。それでも、政治に関心をもつという意味では、日本はまだ不十分であると言える。当時のアメリカでは選挙のさなかであり、大統領の存在ばかりが目立っていたが、日本と比べ、非常に多くの若者が投票に参加していると感じた。つまり、多くの人が政治に無関心ではないのである。

人々が政治に無関心でも社会が成り立つことはある意味では驚くべきことである。しかし、それは一種の危うさを感じるのは私だけではないだろう。それが新型コロナウィルスの登場によって如実に現れた。

瀧本[※1]は、若者に「武器を配りたい」と述べた。社会がコモディティ化、つまり、「同じような能力を持った人間であれば、今やっていることをほかの誰かと交換しても、代わり映えしない」社会になり、「生き残るためには『スペシャリティな人間』になること、『唯一の人』になれ！」と説いた。個性的で特別な存在になることを目指すことが大切であると、社会との向き合い方を教えてくれたのである。瀧本はコロナ禍になる前に、若くして亡くなってしまったが、そんな彼のメッセージは学校教育、特に社会科を教える者全てに対する警告であるようにも思えてくる。

私たち社会科を教える教師は、子どもたちが社会で生き抜くための道具を渡しているのだろうか（武器という表現ではなく、道具とした）。進学や通知表といった評価のために教えるのではなく、子どもたちが社会で生きるための方策、見方・考え方、そして意義や価値を伝えているだろうか。

逆に言えば、社会科は、そうした社会で生きるための道具をたくさんもっている教科でもある。若い頃、「社会科は斜陽の教科」だと先輩が呟いたことを覚えている。しかし、まだまだ社会科も捨てたものではないだろう。それがアフターコロナの中ではっきりしてきた。

戦後、「試案」として出された学習指導要領一般編の序論[※2]には次のように書かれている。

いまわが国の教育はこれまでとちがった方向にむかって進んでいる。この方向がどんな方向をとり，どんなふうのあらわれを見せているかということは，もはやだれの胸にもそれと感ぜられていることと思う。このようなあらわれのうちでいちばんたいせつだと思われることは，これまでとかく上の方からきめて与えられたことを，どこまでもそのとおりに実行するといった画一的な傾きのあったのが，こんどはむしろ下の方からみんなの力で，いろいろと，作りあげて行くようになって来たということである。

これまでの教育では，その内容を中央できめると，それをどんなところでも，どんな児童にも一様にあてはめて行こうとした。だからどうしてもいわゆる画一的になって，教育の実際の場での創意や工夫がなされる余地がなかった。このようなことは，教育の実際にいろいろな不合理をもたらし，教育の生気をそぐようなことになった。たとえば，四月のはじめには，どこでも桜の花のことをおしえるようにきめられたために，あるところでは花はとっくに散ってしまったのに，それをおしえなくてはならないし，あるところではまだつぼみのかたい桜の木をながめながら花のことをおしえなくてはならない，といったようなことさえあった。また都会の児童も，山の中の児童も，そのまわりの状態のちがいなどにおかまいなく同じことを教えられるといった不合理なこともあった。しかもそのようなやり方は，教育の現場で指導にあたる教師の立場を，機械的なものにしてしまって，自分の創意や工夫の力を失わせ，ために教育に生き生きした動きを少なくするようなことになり，時には教師の考えを，あてがわれたことを型どおりにおしえておけばよい，といった気持におとしいれ，ほんとうに生きた指導をしようとする心持を失わせるようなこともあったのである。

もちろん教育に一定の目標があることは事実である。また一つの骨組みに従って行くことを要求されていることも事実である。しかしそういう目標に達するためには，その骨組みに従いながらも，その地域の社会の特性や，学校の施設の実情やさらに児童の特性に応じて，それぞれの現場でそれらの事情にぴったりした内容を考え，その方法を工夫してこそよく行くのであって，ただあてがわれた型のとおりにやるのでは，かえって目的を達するに遠くなるのである。またそういう工夫があってこそ，生きた教師の働きが求められるのであって，型のとおりにやるのなら教師は機械にすぎない。そのために熱意が失われがちになるのは当然といわなければならない。これからの教育が，ほんとうに民主的な国民を育てあげて行こうとするならば，まずこのような点から改められなくてはなるまい。このために，直接に児童に接してその育成の任に当たる教師は，よくそれぞれの地域の社会の特性を見てとり，児童を知って，たえず教育の内容についても，方法についても工夫をこらして，これを適切なものにして，教育の目的を達するように努めなくてはなるまい。

いまこの祖国の新しい出発に際して教育の負っている責任の重大であることは，いやしくも，教育者たるものの，だれもが痛感しているところである。われわれは児童を愛し，社会を愛し，国を愛し，そしてりっぱな国民をそだてあげて，世界の文化の発展につくそうとする望みを胸において，あらんかぎりの努力をささげなくてはならない。そのためにまずわれわれの教壇生活をこのようにして充実し，われわれの力で日本の教育をりっぱなものにして行くことがなによりたいせつなのではないだろうか。

読み返すたびに、70年以上も前に書かれた文とは思えない。まるで今の世界を述べているようである。その上で、アフターコロナの社会を「もう一つの戦後」として捉えるならば、次の文をもう一度読み返し、自身を戒めておきたい。

都会の児童も、山の中の児童も、そのまわりの状態のちがいなどにおかまいなく同じことを教えられるといった不合理なこともあった。しかもそのようなやり方は、教育の現場で指導にあたる教師の立場を、機械的なものにしてしまって、自分の創意や工夫の力を失わせ、ために教育に生き生きした動きを少なくするようなことになり、時には教師の考えを、あてがわれたことを型どおりにおしえておけばよい、といった気持におとしいれ、ほんとうに生きた指導をしようとする心持を失わせるようなこともあったのである。（太字は著者）

つまり、私たち教師は、これからの社会を見つめ直す中で、もう一度、画一的な指導ではなく、「生きた指導をしようする心持」を生み出す必要がある。とくに、社会科では、こうした気概が求められていると言えるだろう。

今、まさに社会科は試されているのである。

第二章

地域（まち）から学ぶ社会科との出会い

一、地域へ帰る社会科

戦後、長岡文雄や有田和正など、様々な実践家が社会科を盛り上げてきた。「教育論争」が巻き起こり、教育雑誌をこぞって買い求める教師の姿があった。

しかし、今はそうした雰囲気を感じることはまずない。ＳＮＳによって、様々な情報は流れているが、「論争」が巻き起こることはなく、教育書はあまり売れていない。もっと言えば、長岡文雄や有田和正の名も知らない若い先生の方が多いだろう。

かつて長岡・有田の「切実性論争」というものがあった（奥村）[※3]。長岡・有田論争では、「切実性」が問われた。「子どもの切実な問題」を取り上げ、「いかにして、学習を〈この子〉から出発するかのための教材提示」をめざした長岡[※4]と、ネタ開発と呼び、「子どものはてな？」を大切にしながら、子どもたちの「それ知っている」を突き崩す教材提示から切実さを生み出す有田[※5]。長岡、有田の論争は、総合的、合科的に学ぶ奈良女子大学附属小学校と、教科としての学びも大切にしてきた筑波大学附属小学校という二つの伝統校を背景とした教育文化や地域の特性から生まれる違いもあっただろう。

その後、日本社会は大きく変化した。より一般的でどの場所のどの学校でも学べることが求められた。有田の実践のよさは追試がしやすく、だれもが楽しく学べるという点である。メディアの中心である東京で積極的に発信した有田の取り組みによって、有田が考えるような切実性の喚起や実践が広がった。しかし、合科的に地域を題材とした学びを進める長岡のような実践も実は脈々と受け継がれてきた。その後、総合的な学習の時間の誕生とともに再び脚光を浴びることとなった。

そして、現在である。

わたしは、有田が提唱するようなネタ開発もよく実践している。しかし、地域かネタか、子ども理解か教材研究か、子どものもっているものを**生かす切実性**か**生み出される切実性**かといった論争を越えるべきであるとも考える。昭和の諸先輩たちが残してくれた実践をもとに考えたのが、

地域から学び、地域に提案する社会科

である。

有田[※6]は、「教師がおもしろいと思うネタ」を準備することが肝要であり、「教師がおもし

ろくて、のめり込みそうなネタならば、必ず子どもたちものめりこむ」と述べている。

しかし、社会は多様化が進んでいる。社会が多様化するということは、当然子どもたちも多様化する。その中で、教師が「おもしろい」と思ったことは、子どもたちにとって必ずしもおもしろいとは限らない。そこで、個人の「学びたい」思いのみならず、**自分たちの地域社会の問題を知り、「学ばなければならない」「学ぶことで社会をよりよいものにしたい」といった切実さをもつことを大切にしたい。**

そのため、子どもたちが地域に関連する問題を題材とし、そこから有田が述べるような視点に合わせて教材化した方がより効果的であると考える。つまり、たんに「おもしろい」のではなく、**「地域から学び、地域に提案する」視点を明確にしたい**と考えた。

この視点に影響を与えたのが、小西正雄、唐木清志、谷川彰英らの考えである。

小西[※7]は、**「提案する社会科」**とし、「『提案場面』(「選択場面」を含む)を単元の中心にすえた。例えば「促成栽培がさかんなのはどこか」を問うのではなく、「この国で促成栽培をするとしたらどこがよいか」を問うといった提案型の社会科のあり方を考えた。藤井[※8]によれば、「『提案する社会科』における第1のキーワードは「出力型授業観」である。小西は授業を、知識を身に付けさせる場ではなく、「身に付けたものを使わせる場」であると主張している。第2のキーワードは、「学習目標＝活用」型である。小西は、学習の目標とは、「社会的にみて意味のある提案を創出するための出力を形成することである」と説明している。小西の「提案する社会科」の考えを生かせば、地域教材を生かして、自分たちのまちについて提案することを通して、社会科の目標も目指すことができると言えるだろう。小西の提案の画期的な点は、いわゆる**「調べ学習」が提案のための学習であり、調べることへの意味や意義を学習者がもつことができる**点である。

ただし、「この国で促成栽培するならどこがよいか」といった提案であるよりは、「自分たちのまちで促成栽培をするならどの野菜がよいか」というような**自分たちのまちに関するテーマである方が子どもたちにとって、より切実性が増すのではないか**と考えた。

表 2-1 「提案する社会科」の特徴

	これまでの社会科	提案する社会科
当面の問題関心の所在	過去、現在	近未来
ゆさぶりのための材料	ネタなど	選択場面・提案場面
子どもを動かすもの	（知的）好奇心 探究心	自己表現の欲求 創造の欲求
一般的な問いのかたち	～は何か ～はどこか ～はなぜか	何をするか どこにするか なぜそうするのか
「調べ」の性格	ナゾの解明 学習活動の目的	提案の合理性または非合理性の検証
「すでにわかっていること」の位置づけ	追求されるべきもの	未来を語るための材料となるもの
めざす子ども像	社会事象に関心をもち進んで調べようとする子ども	社会事象に関心をもち主権者として発言しようとする子ども
未来への構え	～してほしい ～だといいな	～したい ～しなければ

出所　小西（1994）p130

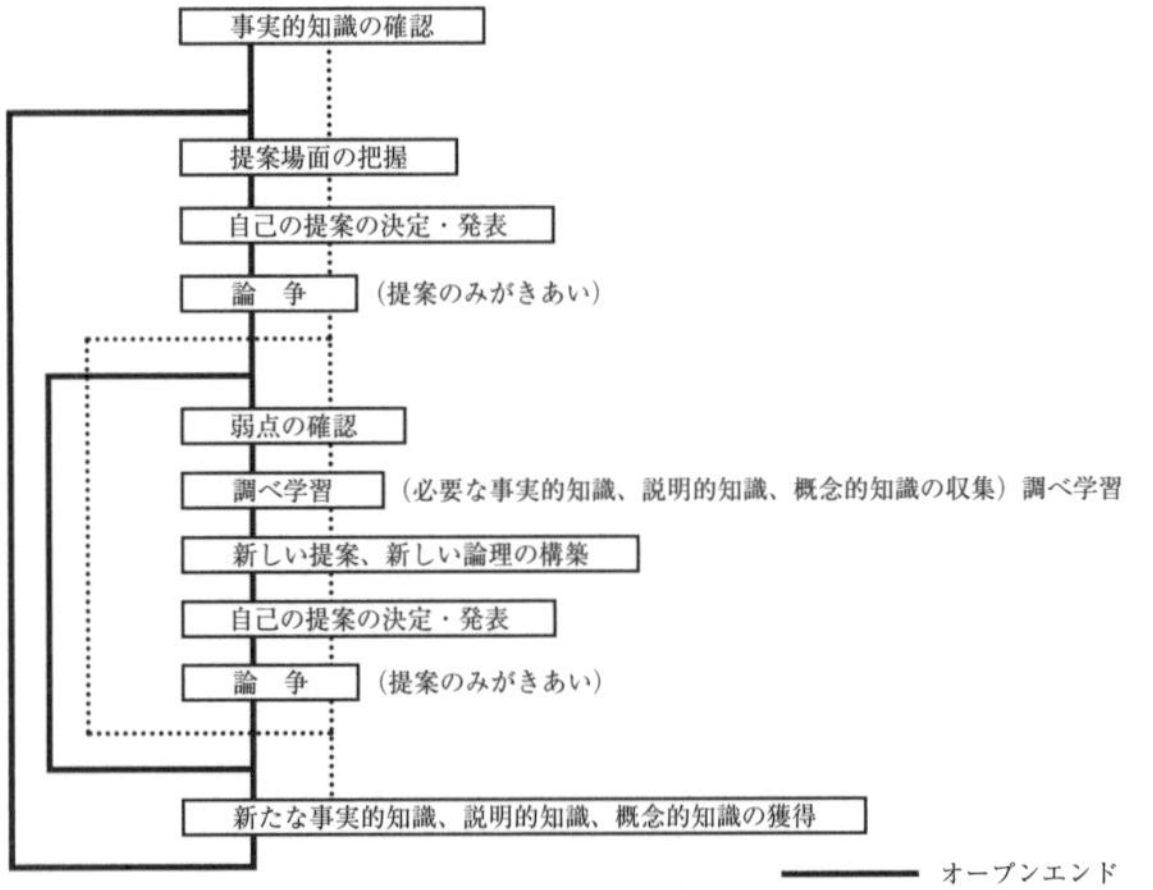

図 2-1 「提案する社会科」の単元モデル
出所　小西（1994）p131

唐木[※9]は社会科の目標である公民的資質とは「人とつながり、社会とつながって、望ましい未来を創り上げる力」であるとし、これからの社会科には「**社会参画**」の視点が必要不可欠であるとした。その上で、社会参画の理念を社会科に浸透させるために、「問題解決学習の発想を生かし、そこへ社会参画の視点」を導入した学習段階を構想している。地域社会の問題を自分に引きつけて考え、社会科学習を展開するために、**社会参画**という新たな意義が提案されていると考えることができる。こうした考えは、ロジャー・ハート[※10]が記した「子どもの参画」も参考になる。若い頃、実家にあったロジャー・ハートの本を初めて手にした時、こんな授業をしてみたいと強く思ったものである。

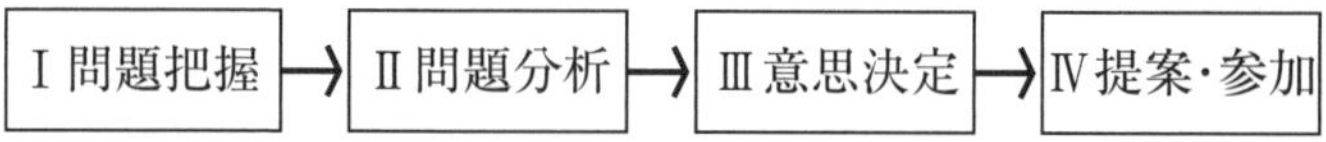

図 2-2 「社会参画型授業で大切にされる学習段階」出所　唐木（2016）p37

また、谷川[※11]は、「**地名を生かす社会科の授業**」として、「地名というものは、人が住んでいる所どこにでもあるものであるから、全国どこでも活用できる。一定の方法と知識さえあれば誰でもできることである」と述べている。谷川が述べるように、地名はどこにでもあり、3・4学年の社会科のみならず、特に歴史の学習でも効果的な教材であるとしている。こうした地名を使った実践であれば、教材研究もしやすく、どの先生でも地域とのつながりを考える授業が構想しやすい。**自分たちのまちの地名を使えば、実際に歩いてそこに訪れることもできる**ので、より効果的ではないかと考える。

その上で、

地域から学び、地域に提案する社会科

を実践するため、まず、「地域とは何か」「地域教材とは何か」を考える必要がある。

多くの社会科教師は戦後一貫して地域を題材としてきた。有田も長岡も捉え方に違いはあれ、地域を題材とした。また、社会科の研究会で発表する教師の多くは、少なからず子どもたちと関係のある地域を扱っている。さらに、3・4学年のみならず高学年でも地域を扱った単元や授業が存在する。そのため、「なぜ社会科教師は地域を扱うのか」という根本を見つめ直す必要がある。そこにこれからの社会科のヒントが眠っているだろう。

二、社会科における「地域」とは何か

まず、「地域」とは何かを考えたい。

地域とは、辞書で引くと、「区画された土地の区域。一定の範囲の土地（デジタル大辞泉）」と出てくる。しかし、社会科における「地域」は、物理的な特定の範囲のみにより決められたものだけだろうか。

平成20年改訂の小学校学習指導要領解説［社会編］[※12]によれば、「身近な地域とは、地形の様子、土地の使われ方、市街地の広がり、主な公共施設のある場所など、児童が直接、観察できる範囲である。」とされている。

戦後、「地域に根ざす社会科」と呼ばれる実践が多く展開されてきた。村山[※13]によれば、「一般的に1960年代後半から1970年代における教育や社会の状況変化の中で、新たに生じた課題を解決するべく民間教育研究団体を中心に主張・実践・展開されるようになった社会科の取り組み」として考えられる。高度経済成長期から生まれ、多くの実践を

表 2-2 「地域に根ざす社会科」実践の変遷

① １９７０年～１９７４年　実践の模索期 地域の現実や民族的課題に目を向けた時間
② １９７５年～１９８１年　実践の拡大期 地域における人々の行為と社会事象を関連付けた時期
③ １９８２年～１９９０年　実践の継承・発展期 子供の認識を視野に入れ多くの授業が開発された時期
④ １９９１年～９９年　実践の転換期 現代社会の課題を視野に入れ地域の課題を捉え直した時期
⑤ ２０００年～２００５年　実践の総合期 地域の再生・創造に関する実践や生活科や総合的学習等の指導との関連を図る授業実践が展開された時期
出所　峯岸（２０１０）pp24-26、村山（２０１２）p77

残してきた。さらに、村山によれば「地域に根ざす社会科」のもととなる「地域に根ざした教育」が生まれた背景として、高度経済成長政策によって、公害などの社会問題が生まれる中で、「地域は地域住民の生活の場として守り発展させるべきであるという考えの下」で提唱されるようになったと述べている。峯岸[※14]によれば、地域に根ざす社会科の実践の変遷には、時期ごとに区分することができ、上のように分類している。

その上で、「地域に根ざす社会科」における地域とは、村山によれば、「『地域に生きる人間の姿』として捉えられるもので、単なる空間的概念を指すものではない」と述べている。つまり、社会科における地域とは、場所やそこに住む人々の暮らしや文化など多面的・多角的な要素が多く入っていると言える。

また、水戸[※15]が地域教材の価値や効果の目安として述べている点も注目すべきである。水戸は、地域教材の価値について

a.この地域独特のものであるか
b.他に普遍化することができるか
c.他と比較対象できるものか
d.学習内容、方法上、必要と考えるか

と4点の特徴を挙げている。

あくまでも地域教材は社会科の教科内容の目標に照らして考え、その目標が達成することができるようにすることが大切である。そのため、教科書内容と比較対象ができ、普遍化し、活用することが必要不可欠と言える。その上で、私は、小学校社会科における地域教材とは、

①学習者が住み、通学しているような身近な地域や市や県とその周辺。
②地域に生きる人間の姿が捉えられるもの。
③①や②に関連する固有の自然や、歴史、文化などの素材を教材化したもの。
④学習指導要領に示す社会科の目標を達成でき、社会科の学習をより充実できるもの。

を地域教材と定義した。

戦後、多くの教室で実践された「地域に根ざす社会科」の取り組みは様々な形で広がり、今でも脈々と受け継がれている。それが、社会科教師が地域を扱う一因にもなっていると言えるだろう。しかし、それだけではなく、地域教材を生かすということは、子どもたちの学びを引き出す上での魅力があるのではないかと考えた。

三、地域教材を生かした社会科の魅力と留意点

村山[※13]は、「地域に根ざす社会科」の実践の意義を「地域社会の生活現実を教材化し、学習者の地域認識を深め発展させ、地域における学習者の主体性を育成することを重視するものであり、地域を踏まえて『平和と民主主義を担う主権者意識』を育成することをめざしたものである」と述べている。

また、「社会科の初志をつらぬく会」で中心的な存在であった上田[※16]も、社会科における問題解決学習の必要性を述べ、その中で地域教材の活用についても「地域の教材が貴重なはたらきをするということは、ただ手近にあって便利で親しみやすいということのためだけではない。一人ひとりの子が、自分自身の立地条件をだいじにすることができるという点が重大なのである。子どもはことがらを、そして問題を自分に引きつけて考えることができる。自身の自己統一にかかわらせて追究することができる。地域はそのとき得がたい足場になっているのである」とその意義にふれている。長岡[※17]も、「子どもにとって、生活

の舞台である地域の事物事象は、最も具体性をもつ教材となる。観察力を育成するにしても地域がたいせつな役割りをはたすが、社会科の中核的目標である『公民的資質の基礎を養う』ということから、地域は最も重要なはたらきをする」と述べている。

このように、地域を素材とした教材の活用は、社会科においては学習者に関わりの強い地域社会の内容を教材化することで、

① 地域認識を深める。
② 学習者の主体性を育成する。
③ 地域社会の問題をより自分にひきつけて考える問題解決学習を展開する。

という3点の効果が期待できるだろう。

一方で、地域教材を扱うことには危うさも潜んでいる。

私が以前勤務していた岐阜県の小学校の5年生の単元で「国土の保全などのための森林資源の働き」に関わる授業を、地域教材を用いて行なったことがあった。

教科書では森林資源の役割を学ぶ単元において京都の北山杉の事例が記載されていた。しかし、校区はかつて「東濃ひのき」と呼ばれる林業が栄えた場所であったので、地域教材をつくり、授業に臨んだ。

まず、森林組合の組合長の方に取材に行き、インタビューを行い、地域教材を作成した。教科書の内容と照らし合わせながら、従業者の減少や木材の輸入による価格の低下、環境保全や循環化社会に向けた取り組みなど、教科書や教師用の指導書を参考にしながら、教科書に掲載されている北山杉の事例を東濃ひのきの事例に置きかえた地域教材を使って単元設計を行った。

その授業は学習者である子どもたちにとって、とても身近な地域に関わる内容なので、授業を楽しく学ぶ様子を見ることができた。

しかし、同時に次の疑問や課題が生まれてきた。

① 地域そのものを学ぶ「郷土学習」になっていなかったか

社会科の学習の目標として、「東濃ひのき」の事例を通じて、森林資源の役割を学ぶことが最も大切である。しかし、この授業においては、「東濃ひのき」の事例そのものを学ぶ授業になっていたのではないかという反省があった。つまり、地域教材を開発・利用することで「総合的な学習の時間」に似ているような郷土の内容を学ぶ「郷土学習」になっていなかったかという危うさを感じた。

②社会科の目標の一つである社会への参加意欲は育っていたか

社会科の目標の実現のためには、地域社会へ参加する意欲を育てていく必要がある。「東濃ひのき」の地域教材を学習することにより、単なる事例の紹介で終わるのではなく、地区の林業を中心としたまちの取り組みに参加したい、関わりたいといった意欲を育てるために単元の構成をよく考える必要があった。

③社会科の学習内容とのつながりは十分であったか

林業への従業者の減少や木材の輸入による価格の低下、環境保全や循環化社会に向けた取り組みなど、教科書や教師用の指導書を参考にしながら地域教材を取り入れた単元設計を行なった。しかし、社会科としての学習内容の理解につながっていたかを検討する必要があった。

こうした実践の反省から考えると、地域教材を題材とした場合、**授業における学習内容の目標を明確にすること**が求められる。総合的な学習の時間に行われているような郷土の内容そのものを学ぶ学習とは異なる学習活動を提供する必要があり、社会科の教科として目標の充実が求められる。この課題の認識は、「地域に根ざす社会科」の実践の中にも見られ、小原[※18]が「社会問題を解決させる授業と科学的知識を系統的に習得させる授業を、問題解決の事実を科学的に認識させる授業、あるいは知的な問題を科学的に解決させる授業によって統一する」試みもなされていたと述べている。

また、**これからの地域と社会のあり方**も考えなくてはならない。長岡[※19]が「子どもの学習を、子どもが直接できるところの地域的事象に密着させるだけにとどまらせてはならない。地域的事象の把握を社会事象の普遍的な原理・法則の理解とどうかかわらせるのかが問題になる」と述べているように、地域的事象に密着させるだけに留まらず、そこから日本全体の状況の理解や問題把握を考えていく必要がある。その上で、村山[※13]が「高度情報化社会、人口減少社会など、産業や社会の構造が大きく転換しつつある現代社会にあって、『地域』をどう捉え、『地域に根ざした社会科』をどう展開していくのか」と述べているように、現代社会においては、社会状況のみならず、そこで生活する児童生徒の地域とのかかわりも大きく変化していくだろう。例えば、私立小学校のように、様々な地域から学校に通ってくることもあり、地域の位置付けをどのようにするかも考える必要がある。そのため、教師の多忙化も鑑みながら、様々な社会の変化に応じて地域教材をどのような目的でどのように活用していくかを検討する必要がある。

四、まちづくりとの出会い

これまでに述べてきたことを整理すると、社会科における地域教材を開発・用いることにより、

①社会科の教科としての学習内容を習得、活用、探究すること
②学習者が地域社会に対する切実性をもって問題解決学習を展開すること
③地域社会に対する提案や、将来の参加・参画意欲を向上させること

を単元構成の中で位置付けていく必要がある。

そこで、参考になったのが、「まちづくり」の概念だった。

「まちづくり」とは、色田・加藤[※20]によれば、「地域の物的、質的環境を、様々な制約がある中で、住民にとってより良いものにするための活動全般と捉える」と定義され、「『主体』は、必ずしも主導的な立場で活動することを指さず、様々な立場からまちづくりに関与するプレーヤーという意味で捉える」とし、行政や主導的な立場の人のみならず、まちづくりに関わる様々な立場の人が地域の物的、質的環境を制約の中で住民にとってよりよいものにする活動であると述べている。

長く横浜市のまちづくりに携わった田村[※21]は、**「一定の地域に住む人々が、自分たちの生活を支え、便利に、より人間らしく生活してゆくための共同の場を如何につくるかということである。その共同の場こそが『まち』である」**と述べた上で、「『つくる』とは、新しくつくるだけではなく、風土と歴史の上に立ってこれを修復したり、守ることも含まれる」としている。また、山崎[※22]は、「ソーシャルデザイン」とは、**「社会的な課題を解決するために、もののカタチだけでなく社会の仕組みや組織のあり方などを含めてデザインするという考え方」**であり、デザインとは「社会的な課題を解決するために振りかざす美的な力」としている。まさにこうした取り組みは、「公民的資質の基礎」を養う社会科につながる視点と言えるだろう。こうした考えから「まちづくり」は、**まちに生きる一人ひとりが関わり、暮らしや仕事、ルールといった仕組みや仕掛けを考え、よりよい場に変えていくことだ**と考えることができる。その上で、「まちづくり」を学習に生かすために効果的な方法を探った。

そこで、出会ったのが、「まちづくり学習」である。

竹内[※23]は、**「まちづくり学習は、さまざまな体験を通して子どもたちが自分たちの生活する地域を知り、地域の良さや問題点を見いだし、地域の形成者の一人として主体的にまちづくりにかかわっていこうとする態度を培うことを目指す学習である」**と定義している。さらに、北原[※24]は「まちづくり学習」の目標を**「学校教育の場面で子どもたちを育み、地域社会において多様な住民と『まち』との関わりを育んでいくこと」**と位置付ける。「まちづくり学習」は学習者が様々な体験を通して、地域の住民と共にまちに関わり、まちを知り、まちをよりよくしていこうとする学習活動であると言えるだろう。これらの目標や定義は、社会科における地域教材の参加・参画意欲の向上を補うものになるのではないかと考えた。

具体的な実践事例として、寺本[※25]は、**「まちづくり学習」**を**「『まち』を意識させる学習」**

表 2-3 「まちづくりの対象、効果、目標」

対象	効果やねらい	目標
モノづくり	機能づくり	安全性
シゴトづくり	個性づくり	保険性
クラシづくり	魅力づくり	利便性
シクミづくり	活力づくり	アメニティ
ルールづくり	意識づくり	
ヒトづくり	イメージづくり	
コトおこし		

出所　田村（1987）p54,55 より著者作成

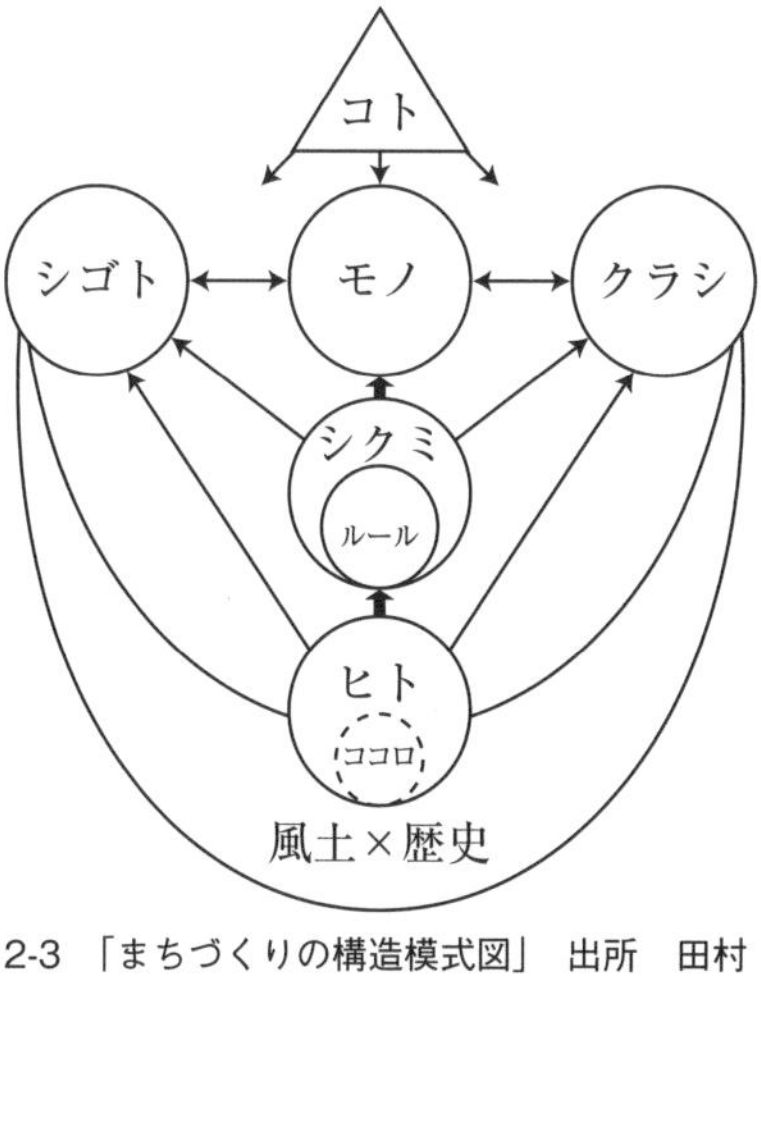

図 2-3 「まちづくりの構造模式図」 出所　田村（1987）p55

とし、香川県琴平町の小中学校を対象とした「まちづくりやまち並み」に関する総合学習の事例を紹介している。寺本によれば、学習者が「実際に市街地を散策・調査する試みを多様に行い、低学年から高学年にかけて、

「愛着」→「共感」→「参加」→「提案」

という4段階の育ちに至るようにカリキュラムの方向性が決められている。

また、指導方法上の一つの特色として、「子どもにカメラを持たせ、まちの景観写真を実際に撮影させ、町角の人々や公共物、素敵な景観などを題材にした写真ポスターカルタを制作させたり、まちの中の公園改造計画を立てて改善策を市役所に持っていったりするなど、積極的に学校が地域に出ていったのである」と述べている。「愛着」→「共感」→「参加」→「提案」という4段階のカリキュラムの方向性は唐木が提案する社会参画型授業につながるものであると考えた。さらには、学習者が自分と関わりのある地域に対して愛着や共感をもって、地域に関わる学びに参加し、提案することで地域社会への参加意欲も高めることができるだろう。

五、社会科学習におけるまちづくり学習の可能性

竹内[※26]は、「子どもたちの生活実態と社会認識（とりわけ空間認識）の発達阻害の実態を踏まえ、それらを克服するための一つの試みとして、社会科教育における『まちづくり学習』の可能性を検討」した。その上で、「従来実践されてきた『体験重視型』学習に学びながら、地域問題の学習を軸にしたまちづくり学習を構想すべきこと」を主張している。竹内の①「体験重視型」学習をきっかけに、**地域の自然環境や人々との「かかわり」を創出していくまちづくり学習**　②**地域問題を一般化・相対化する視点をもったまちづくり学習**　③地域問題の構造的理解の学習から社会科教育内容の再編成へと発展していくまちづくり学習　④**地域問題解決に向けて地域の合意形成のあり方を探るまちづくり学習**、といった主張は、社会科におけるまちづくり学習の応用を示唆するものである。

しかし「まちづくり学習」における地域教材を社会科学習に応用するためには、もう一つの課題、すなわち社会科の学習内容の習得も保証する必要がある。実際、竹内[※23]は、「既

存の教科カリキュラムにどのようにまちづくり学習（あるいはまちづくり学習的な視点）を導入するのかという問題がある。それは授業時数の確保という問題だけではなく、具体的な学習内容として教科カリキュラムにどう組み込んでいくのかという問題である」と述べている。社会科の学習目標の達成がまちづくり学習を応用する上での前提であり、総合的な学習の時間に行われているような郷土の内容そのものを学ぶ学習にならないように留意しなければいけない。

そのため、まちづくり学習の方法をそのまま用いるのではなく、「まちづくり学習」を応用した社会科としての単元設計の枠組みを新たに構成する必要があった。また、生活科や3・4学年の社会科で見られるような、まちを散策して、まちのことを知る「まち学習」と呼ばれる方法も社会科の単元設計を考える上で参考にするべきだと考えた。こうした点から、「まちづくり学習」「まち学習」「社会科学習」といった様々な学習方法における学習目標や単元の構成、教材づくりの工夫を分析し、まちづくりの視点を取り入れた社会科の単元設計を考え、その効果を検証しようと考えた。

第三章

「社会科でまちづくり」の単元モデルをつくる

一、発想のきっかけはまちづくり学習の実践から

社会科でまちづくりを考える単元モデルを、ここでは、「まちづくり的社会科」とする。この「まちづくり的社会科」の構想は私が大学院生の時に、竹内の論文や北原らがまとめた『まちづくり学習』のテキストとの出会いが基になる。しかし、その発想の原点となったのが以前勤めた岐阜県中津川市立加子母小学校での二つの実践だった。

一つ目は、5年生の総合学習「トマト大作戦」の取り組み[※27][※28]である。

中津川市立加子母小学校は中津川市の最北端に位置する僻地校である。加子母地区は、旧加子母村であり、その後、合併し中津川市となった。寒暖の差が大きく、トマトの生産地としても有名である。その多くは名古屋や京都の市場に出荷し、大手のハンバーガーメーカーとの専属契約も結ぶようになった。市町村合併後も生産組合や地域住民が一体となってまちづくりを行っており、学校運営への地域の協力も極めて大きい。地域の方が中心に企画運営し、地域の方が講師となる参加型授業参観「加子母教育の日」を開催するな

ど、地域で子どもたちを育てようとする意識が高い。

その上で、加子母小学校では、5年生の活動として、「トマト大作戦」というテーマで加子母トマト組合青壮年部の全面協力の下、継続してトマトづくりを行ってきた。トマトづくりと言っても、学校農園で取り組むようなものではない。学校に隣接する一軒家を建てることができるほどの田畑と農作業用の小屋まである場所で行う。毎年、5年生は、百本以上の苗を育て、販売ができるほどのトマトを収穫してきた。

子どもたちは、トマト組合の方の協力のもと、土づくり、苗植え、定植と、トマトを育てていき、最後は、自分の背より高くなった苗からトマトを収穫していく。夏になると、自分たちだけでは食べられないほどの量になる。そのため、冷凍してトマトソースを作ってピザを作ったり、販売したりしていく。私が担任をしていた時は、トマトの一つひとつの重さをはかり、均等にしながら袋詰めにし、お礼の手紙と感想用紙を同封し、道の駅加子母で販売した。

販売を終えて「買ってくれた人が笑顔で帰ってくれてうれしかった」と書く児童がいるなど、地域の方に支えられ、自分たちの活動に喜びを感じるのである。

また、それだけに留まらず、トマトの出荷の見学やトマト農家の話を聞く機会もある。

そのため、この学習と関連して、社会科の食料生産に関する授業の中で、トマト農家の方に流通や生産についてのお話をしていただいたこともある。

私は、こうした体験活動を生かし、主体的に地域に関わり学ぶことで、地域への誇りを育てようと考えた。そこで、体験活動ごとに書く活動を設定し、主体的に活動や地域に対して関わろうとする意識をもたせようとした。また、加子母のトマトを教材にした授業づくりや指導計画を工夫し、意欲をもって取り組めるように努めた。さらに、地域や保護者の方にこの活動を紹介し、関わってもらうことで、子どもたちが自信をもってトマトづくりに取り組めるよう試みた。

本実践の後、振り返りの記録、質問紙調査から子どもたちの変容を分析した。結果を見ると、子どもたちがトマトづくりの楽しさと同時に大変さも実感し、地域のトマトづくりに対して興味や関心を高め、自分たちの活動に誇りをもったことが確認できた。そのため、本実践は子どもたちが主体的に地域に関わり学ぶことができ、地域への誇りを育む取り組みになったと考えている。

岐　阜　新　聞　2013年（平成25年）9月11日

育てたトマトおいしいよ

加子母小児童 道の駅で販売

手塩に掛けて育てた特産のトマトを販売する児童＝中津川市加子母、道の駅「加子母」

3個入り46袋、すぐに完売

中津川市加子母、加子母小学校5年生22人が近くの道の駅「加子母」で、栽培したトマトを販売した。（松田尚康）

加子母地域はトマトが特産品。5年生は毎年、加子母トマト生産組合青壮年部の指導を受け、校内のビニールハウスでトマトを栽培、販売している。夏休みは当番制で水やりし、枯れかけた葉の摘み取りや茎が真っすぐ伸びるようにひもで縛る作業に汗を流した。

子どもたちは、おいしそうに実ったトマト約250個を収穫。1袋に3個ずつ詰め、46袋を準備した。同駅では段ボールを使った手作りの看板を掲げ「僕たちが育てたおいしいトマトです」と買い物客を呼び込み、1袋100円で販売。30分ほどで完売する盛況ぶりだった。

児童は「売る前からお客さんがいてびっくりした」「買ってくれた人が笑顔で帰ってくれてうれしかった」と話していた。

提供　岐阜新聞　2013年9月11日朝刊

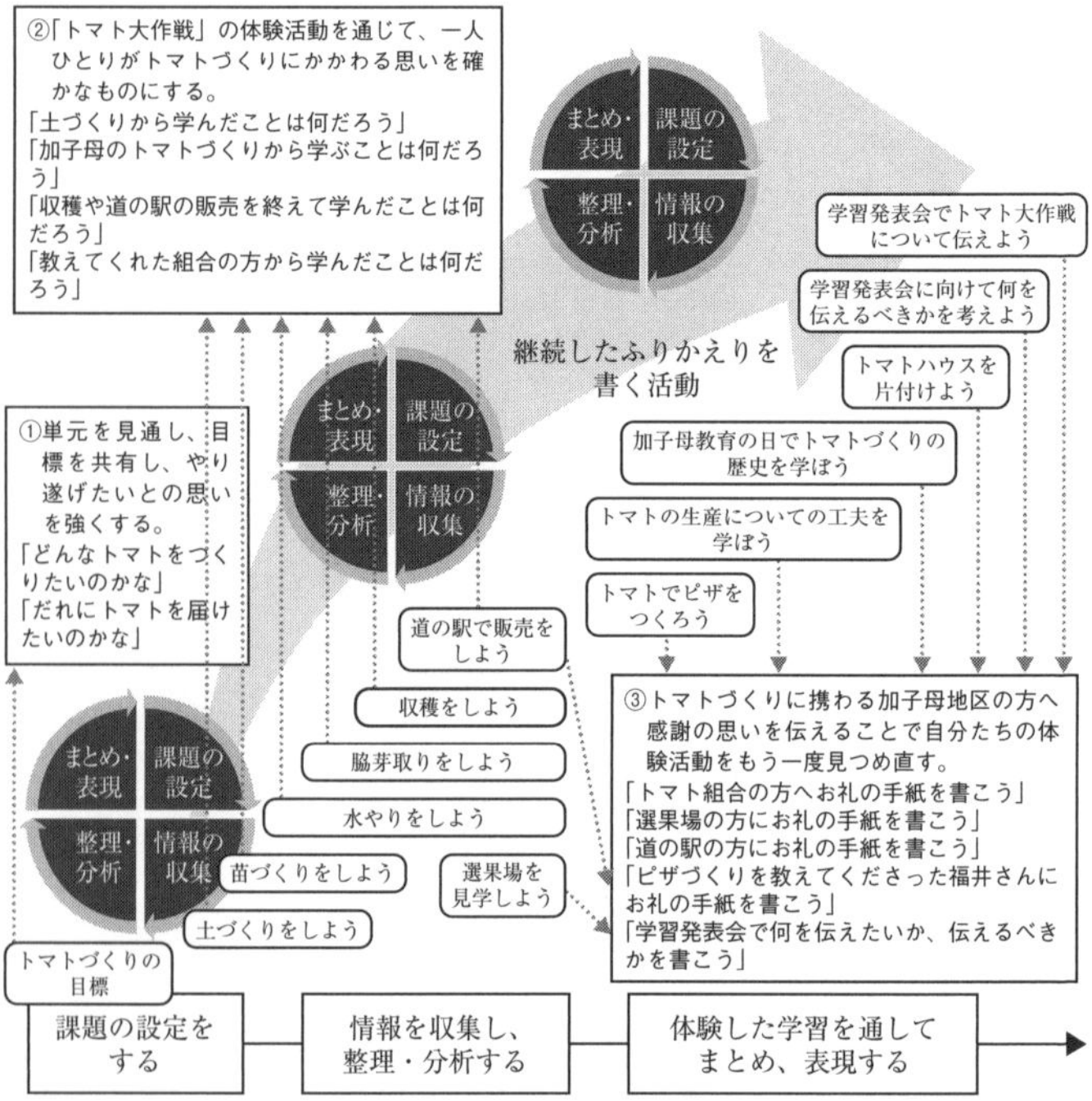
②「トマト大作戦」の体験活動を通じて、一人ひとりがトマトづくりにかかわる思いを確かなものにする。
「土づくりから学んだことは何だろう」
「加子母のトマトづくりから学ぶことは何だろう」
「収穫や道の駅の販売を終えて学んだことは何だろう」
「教えてくれた組合の方から学んだことは何だろう」
まとめ・表現
課題の設定
整理・分析
情報の収集
継続したふりかえりを書く活動
学習発表会でトマト大作戦について伝えよう
学習発表会に向けて何を伝えるべきかを考えよう
トマトハウスを片付けよう
加子母教育の日でトマトづくりの歴史を学ぼう
トマトの生産についての工夫を学ぼう
トマトでピザをつくろう
①単元を見通し、目標を共有し、やり遂げたいとの思いを強くする。
「どんなトマトをつくりたいのかな」
「だれにトマトを届けたいのかな」
道の駅で販売をしよう
収穫をしよう
脇芽取りをしよう
水やりをしよう
苗づくりをしよう
土づくりをしよう
選果場を見学しよう
トマトづくりの目標
③トマトづくりに携わる加子母地区の方へ感謝の思いを伝えることで自分たちの体験活動をもう一度見つめ直す。
「トマト組合の方へお礼の手紙を書こう」
「選果場の方にお礼の手紙を書こう」
「道の駅の方にお礼の手紙を書こう」
「ピザづくりを教えてくださった福井さんにお礼の手紙を書こう」
「学習発表会で何を伝えたいか、伝えるべきかを書こう」
課題の設定をする
情報を収集し、整理・分析する
体験した学習を通してまとめ、表現する

図3-1　加子母子５年トマト大作戦「探究の過程モデル」
出所　長瀬（2013）

この実践によって、自分たちの学びを地域社会で生かすことができる喜びを味わうことができた。こうした『まちづくり学習』の実体験から、まちづくりを生かした社会科づくりにつなげたいと考えた。

もう一つは、6年生社会科の「私たちの願いを実現する政治」の単元で行った「君も今日から政治家だ！市長選挙に立候補！」の実践である。詳しくは第四章で述べるが、子どもたちが「中津川市をよりよくするには」というテーマで、自分たちが興味のある政策ごとにチームをつくり、自分たちが住むまちの将来を構想する。そして、選挙活動に必要なものを作成し、立ち合い演説会や選挙活動を行い、最後は市の選挙管理委員会の協力のもと、実際に模擬投票を行う。この投票は、記載台、投票用紙、投票箱も実際に市の選挙管理委員会に用意してもらい、実際の選挙の雰囲気をできるだけ出せるように工夫した。また、総合的な学習の時間も使って、5年生にも参加してもらい、有権者として選挙に参加するという試みもした。

　この実践を通じて、子どもたちが今までの学習を生かし、自分たちのまちの未来を考え、提案する姿に、まちづくりを生かした授業構成への可能性を強く感じた。

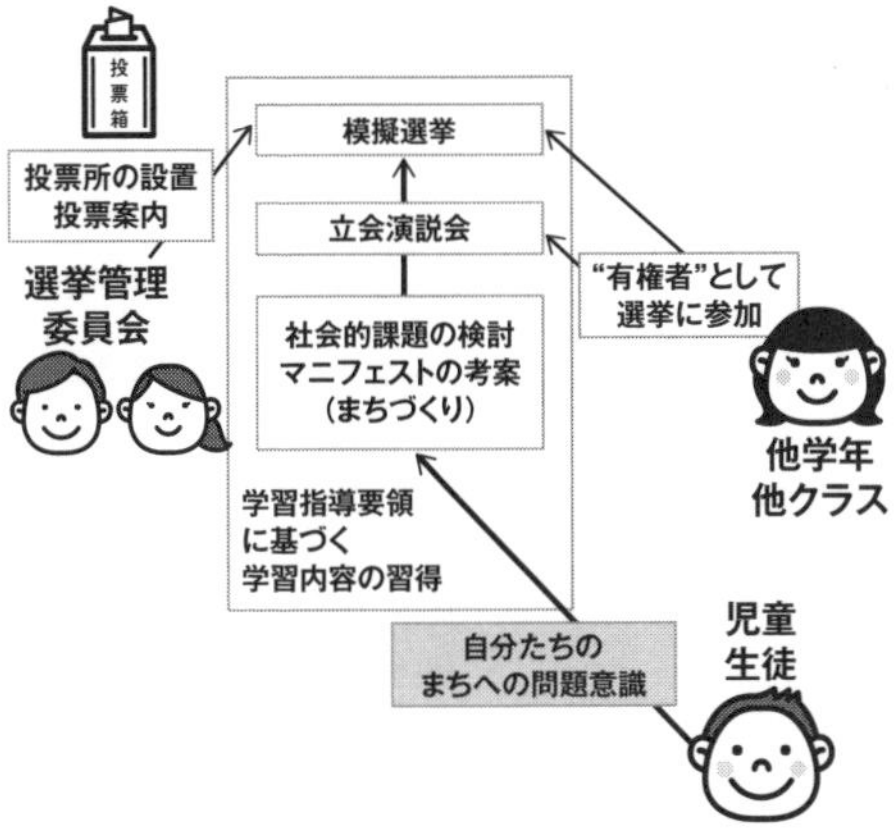

図 3-2　「君も今日から政治家だ！市長選挙に立候補！」の学習イメージ

新聞　2014年（平成26年）1月29日（水曜日）

市長選想定し模擬投票

加子母小　選挙の大切さ学んで

若者の低投票率が懸念される中、中津川市加子母の加子母小学校で、市長選を想定した体験学習があった。六年生二十六人が政党名や公約を考え、有権者の五年生二十三人にアピール。二十八日に本物の投票箱を使い、一票を投じた。

（平野誠也）

選挙の大切さを学んでもらおうと、社会科の長瀬拓也教諭が発案し、市選管が協力した。

六年生は立候補者の支援者という想定で四グループに分かれ、「ありが党」「夢の党」などの政党や候補者名、公約を決定。二十三日に五年生を集めた演説会を開き、支持を訴えた。

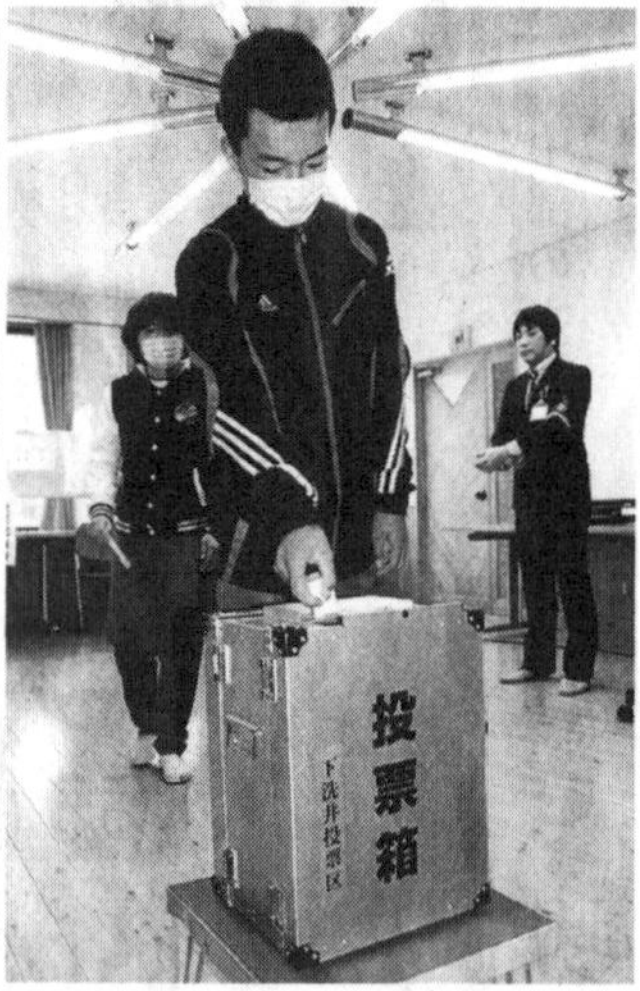

架空の市長選を想定した体験学習で投票する児童たち＝中津川市加子母の加子母小学校で

投票では選管職員が手順や用紙の書き方を説明。本番通りの投票記載所が設けられ、職員が見守る中、欠席者を除く五、六年生四十七人と教員二人が投票した。

開票の結果、候補者二人が得票数十五で並び、くじ引きで決めることに。自然環境保全や観光振興を掲げた「じぇじぇ党」の候補者が当選した。

子どもたちは「実際の投票箱を見て勉強になった」「一票の大切さが分かった。大人になったら投票に行きたい」と振り返った。

長瀬教諭は「学習を通じ、地域をより良くする主体性を身に付けてもらえたら」と期待した。

市選管によると、昨年七月の参院選で県内の投票率は52・97％。二十～二十四歳は33・81％だった。

提供　中日新聞　2014年1月29日朝刊

その後、私は、私立小学校に異動し、働きながら大学院で研究を続けた。その時に、指導教員の益子典文先生のアドバイスによって「まちづくり学習」「まち学習」といった既存の学習方法を生かし、社会科の新しい枠組みをつくることになった。

今までの問題解決を中心とした従来の社会科、生活科で行う「まち探検」をはじめとした「まち学習」、そして、まちづくりを構想し、地域の方と学び合う「まちづくり学習」に加え、4つの新しい社会科の枠Aを考えた。

それが、「まちづくり的社会科」の誕生だった。

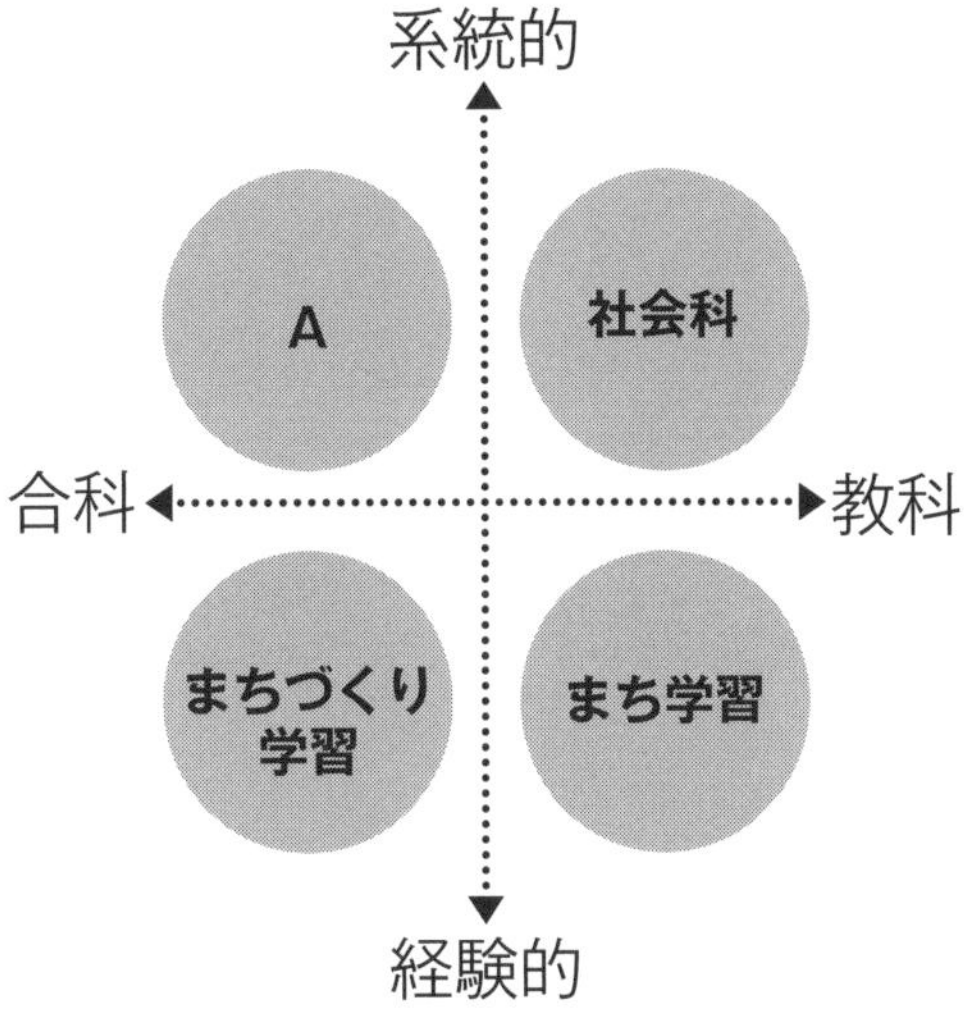

図 3-3　まちづくりを生かした社会科の枠

二、まちづくり的社会科は社会科と何が違うのか

従来の社会科とまちづくり的社会科は何が違うのか。それを表したのが下と左の表[※29–32]と図である。まちづくり的社会科は、あくまで社会科である。そのため、学習指導要領に示された教科目標を達成することが求められる。その上で、従来の社会科と異なるのは、地域を視点に社会的事象を見つめるという点にある。小学校社会科は、学習内容が同心円的にローカルからグローバルへと展開されていく。一方で、まちづくり的社会科は学習内容が同心円的に広がる中で、常に比較対象として地域の事例が一本の柱となって同時に展開される。つまり、**グローカル（地域の目線からグローバルを考える）の視点で社会的事象を見るという試み**である。そのため、**学習内容は社会科より具体的になり、子どもたちにとっては身近な問題になりやすい。**なお、「グローカル」については恩田[※33]の考えを参考にした。

図 3-4　自分たちのまちの問題を組み込んだ同心円的拡大主義に基づくカリキュラムイメージ

出所　長瀬（2019）、文部科学省（2017）、山根（2012）

表 3-1
「社会科、まち学習、まちづくり学習、まちづくり的社会科」の分類

		社会科	まち学習	まちづくり学習	まちづくり的社会科
(1)学習目標の設定	目標	社会的な見方・考え方を働かせ、グローバル化する国際社会で生きる平和で民主的な国家・社会の形成者に必要な資質・能力の基礎を育成する。	それぞれの教科の見方・考え方や領域の特性を生かしながら、まちを発見的に学習し、理解しながら愛着を育む。	自分たちに関係の深いまちの問題を見つけ、改善するためのしくみを考察し、提案する。	社会的な見方・考え方を働かせ、自らの地域をベースに国際社会で生きる平和で民主的な国家・社会の形成者に必要な資質・能力の基礎を育成する。
	つけたい力	・情報を適切に調べまとめる技能 ・考えや選択・判断したことを適切に表現する力 ・よりよい社会を考え、主体的に問題を解決しようとする態度	・子どもが身に付けるべき市民力や社会力、地域力 ・まちへの興味・関心 ・まちへの理解	・まちづくり市民力の育成 ・意志力、風土力、俯瞰力、自治力、町衆力	・情報を適切に調べまとめる技能 ・考えや選択・判断したことを適切に表現する力 ・よりよい社会を考え、主体的に問題を解決しようとする態度
(2)単元の構成	学習問題づくりの視点	学習内容を追究、解決するための学習問題づくり	まちの調査をするための学習問題づくり	まちが抱える社会問題を解決するための学習問題づくり	学習内容に関連したまちが抱える社会問題を追究・解決するための学習問題づくり
	指導計画の流れ	(1)学習内容の把握 (2)学習問題づくり (3)学習内容の理解 (4)学習内容に対する考えのまとめ(提案、発表)	(1)学習問題づくり (2)まちの調査 (3)まちの調査のまとめ (4)まちの調査の振り返り(提案、発表)	(1)まちへの意識(愛着) (2)学習問題づくり(共感) (3)まちがもつ社会問題の解決のための話し合いと理解(参加) (4)まちが抱える社会問題の解決の考えのまとめ(提案)	(1)学習内容に関連する地域や社会問題の把握 (2)学習問題づくり (3)地域で取り組むまちづくりの工夫から学ぶ学習内容の理解 (4)学習内容に対する考えのまとめ(提案、発表)
	学習方法	調査・話し合い学習を基本とし、参加・体験型学習も含まれる。	参加・体験型学習を基本とし、調査・話し合い学習も含まれる。	参加・体験型学習を基本とし、調査・話し合い学習も含まれる。	調査・話し合い学習を基本とし、参加・体験型学習も含まれる。
(3)学習内容の工夫	学習内容の配列	同心円的拡大主義による配置(学校・家庭→近隣→市区町村→都道府県→国→世界)	学習者の身近な地域(学校周辺・近隣)を学ぶ。	地域(まち)の事例に対して、「愛着」→「共感」→「参加」→「提案」の4つ段階の育ちになるようにカリキュラムを構成する。	社会科のカリキュラムに適応するまちの問題や事例を盛り込む。
	学習内容の視点	ローカルからグローバルへ	ローカル	ローカル	グローカル(ローカルとグローバル)
	学習内容の具体性	抽象的	やや具体的	具体的	やや抽象的
	使用される教材	教科書内容の教材	自分たちの「まち」の素材	自分たちの「まち」の事例	教科書内容の教材 自分たちの「まち」の事例
	教材づくりの視点	教科書を中心とした事例について学習者が社会的事象に迫ることができる教材をつくる。	地域の文脈(コンテクスト)を丁寧に分析をし、地域へ認識を高める教材をつくる。	地域の文脈(コンテクスト)を丁寧に分析し、地域に対する学習者がもつ共通認識を生かして、まちづくりを考える教材をつくる。	地域の文脈(コンテクスト)を丁寧に分析し、地域に対する学習者がもつ共通認識を生かして、社会的事象に迫る教材をつくる。

出所　長瀬（2019）をもとに、寺本（2012）p114,115、山根（2012）p10,12, 北原（2004）、浅野（2003）（2004）文部科学省平成 29 年告示「小学校学習指導要領」（2017）の内容を加え、著者が再構成

そのことは、単元構成における学習問題づくりにも影響する。

学習問題とは、北によれば、「学習をしていくテーマ」のことをいい、「学習課題」とも言い表す。北[※34]は学習問題が成立する最低条件として、次の4点を示している。

① 学習問題を追究していくと、ねらいを達成できること
② 具体的な事実にもとづいて生み出されていること
③ 子どものやる気を引き出すものであること
④ 子どもなりの予想を立てることができること

単元指導計画の流れは、こうした学習問題の解決を目指し、学習内容に関連する社会の諸問題について追究することで、理解を深め、単元の終末には学習内容に対する自らの考えをまとめることが一般的である。

その上で、社会科は、学習者と直接かかわりのない一般的な社会の問題を取り扱うため、題材は必ずしも自らの地域ではない内容も多い。例えば、5年生の「米づくり」に関する単元を扱う場合、他地域の米農家の取り組みから「なぜこの地域は米の収穫は多いのか」

との学習問題が構成される。その学習問題の解決を通して、米生産が豊かな地域の条件や米生産に関わる日本社会の問題点を理解することになる。そのため、単元計画の流れは、教科書に掲載される他地域の取り組みから今の日本全体の米生産の問題や解決策を考えていく流れになることが多い。

由井薗[※35]は、「クラスに一つだけの学習問題、つまりクラス全員にとっての『自分たちの問題』にするには、一人ひとりの問いを整理し、教師と子どもたちの中で合意形成することが必要」だとし、そのためには、「子どもたち一人ひとりが同じ方向性の問いをもてるように教材提示や発問を工夫する必要」があるとする。「ここが教師の腕の見せどころ」だとし、そのために「事実とのインパクトのある出会いを演出し、子どもたち一人ひとりに『問題発見力』を育てていくことが必要」とする。

由井薗が指摘するように、クラス全員にとっての「自分たちの問題」にするためには、自分たちの住む地域の問題を学習内容と関連付けて展開することで、教師の腕、つまり力量に大きく左右されなくても展開できるのではないかと考えた。そのためには、「わたしたちのまちの米づくりをどのようにするべきか」といった「まちづくり学習」や「わたしたちのまちには田んぼが多くあるよ」といった発見を生みだす。「まち学習」を組み込むことで、学習問題をより「自分たちの問題」にすることができるのではないかと考えた。

そのため、まちづくり的社会科においては、学習内容に関連したまちが抱える社会問題を追究・解決するための学習問題づくりを行うことを目指し、

(1) 学習内容に関連する地域や社会問題の把握
(2) 学習問題づくり
(3) 地域で取り組むまちづくりの工夫から学ぶ学習内容の理解
(4) 学習内容に対する考えのまとめ（提案、発表）

という学習活動を展開する。

社会科のカリキュラムに適応するまちの問題や事例を盛り込み、教材としては、自分たちの「まち」の事例を題材としながら、教科書の内容をまちの問題の解決策を探るための有効な資料として活用する。特に、教師は、地域の実態を丁寧に分析し、地域に対する学習者がもつ共通認識を生かした教材をつくることになる。

その上で、ゲストティーチャーの位置付けも変化してくる。社会科では、ゲストティー

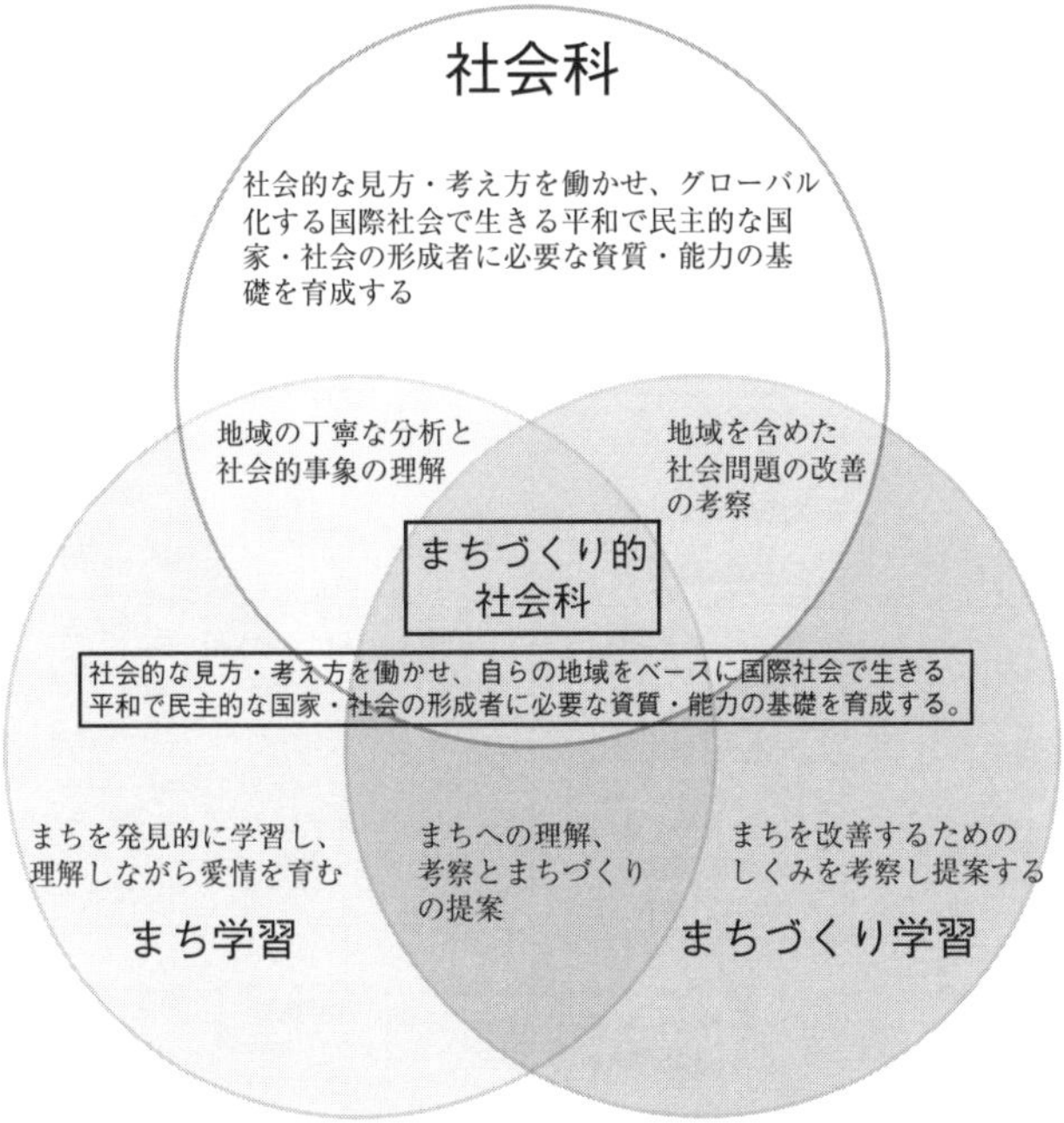
社会科
社会的な見方・考え方を働かせ、グローバル化する国際社会で生きる平和で民主的な国家・社会の形成者に必要な資質・能力の基礎を育成する
地域の丁寧な分析と社会的事象の理解
地域を含めた社会問題の改善の考察
まちづくり的社会科
社会的な見方・考え方を働かせ、自らの地域をベースに国際社会で生きる平和で民主的な国家・社会の形成者に必要な資質・能力の基礎を育成する。
まちを発見的に学習し、理解しながら愛情を育む
まちへの理解、考察とまちづくりの提案
まちを改善するためのしくみを考察し提案する
まち学習
まちづくり学習

図 3-5　まちづくり的社会科モデルの位置付け
出所　長瀬（2018）をもとに著者が加筆修正

チャーは、学習内容を紹介する人という位置付けであったが、まちづくり的社会科では、まちづくりやまちの問題解決に取り組む人という位置付けになる。そのため、話をしてもらうだけではなく、子どもたちの提案や発表への参加、子どもたちの作品にコメントをもらう可能性も出てくるだろう。

　こうしたまちづくり的社会科をモデル化すると上図と次項の２つ[※36]になる。

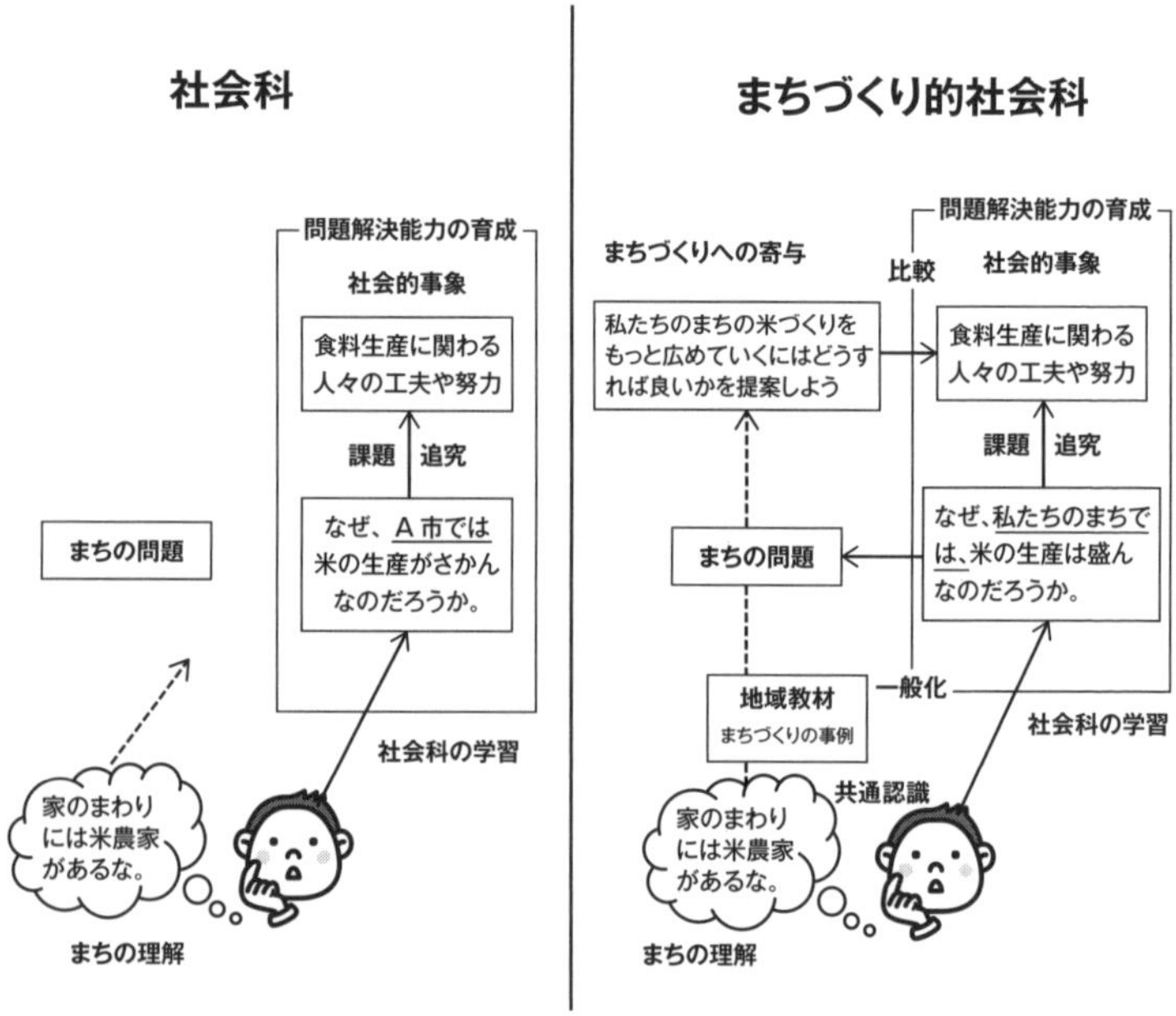

図 3-6　社会科とまちづくり的社会科の比較
出所　長瀬（2018）を著者が加筆修正

従来の社会科では、学習問題を設定する場合、子どもたちの「まちの理解」は図のように生かされない場合がある。つまり、「なぜ、A市では米の生産はさかんなのだろうか」とした場合、子どもたちが普段から抱いている「家のまわりには米農家がある」という共通認識は生かされない。そのため、教師は、A市や米生産についての切実性をもたせるために、「子どもたち一人ひとりが同じ方向性の問いをもてるように教材提示や発問を工夫する必要」や「事実とのインパクトのある出会いを演出し、子どもたち一人ひとりに『問題発見力』を育てていくことが必要」（由井薗[※35]）となってくる。しかし、これは、由井薗が指摘するように「教師の腕のみせどころ」であり、容易ではない。

そこで、まちづくり的社会科では、学習問題に地域に対する共通の認識である「家のまわりには米農家がある」という共通認識を生かし、学習問題を作成する。その上で、「なぜ、私たちのまちでは、米の生産が盛んなのだろうか」と考え、単元の終末には、「**私たちのまちの米づくりをもっと広めていくにはどうすればよいかを提案する**」ことで、自分たちの学びがまちづくりにつながっていくため、子どもたちの学びに対する切実性も高まってくる。

谷川[※37][※38]は、長岡実践を「切実である」派、有田実践を「切実になる派」とした（この考えには異論が多くあり、どちらも切実性はあるという意見が多かった）が、まちづくり的社会科であれば、その両面から切実性を高めることができる。なぜなら、子どもたちが普段から「なんとなくもっている」意識も含めたまちへの理解の援用も可能になるし、自分たちが知っているまちのイメージとは異なる「インパクトのある事実との出会い」（由井薗[※35]）も可能になる。つまり、自分たちの「まち」をテーマにすることが「切実である」「切実になる」の両面から学習に迫れることができるだろう。

次章では、具体的な実践事例を通して、まちづくり的社会科の意義について考えていきたい。

第四章　まちづくり的社会科の実践

一、まちづくりにかかわる方との出会いを生かす

5年生「京都米大作戦（米づくりのさかんな地域）」の実践

まちづくり的社会科を成立させる5つの視点

5年生の「米づくりのさかんな地域」の単元では、「京都米作戦」として、まちづくり的社会科として実践に臨んだ。

実践を始める前に、単元構成や授業展開について、次の5点を意識した。

①学習内容に関連するまちづくりの事例を探す。
②学習内容に関係するまちづくりを行う問題解決者を探し、資料化する。
③学習内容を踏まえた「まち」の問題解決のための学習問題をつくる。
④学習した内容を生かし、自分なりのまちづくりの案を作成、提案する。
⑤作成するまちづくりの案は問題解決者の方にも関わってもらう。

1．学習内容に関連するまちづくりの事例を探す

「米づくりのさかんな地域」の単元では、東北地方や新潟県をはじめとした米生産がさかんな地域を題材としている場合がある。その中で、片上[※39]が述べているような社会科の日常語、つまり、

・くふう（工夫）や努力
・苦労
・願い
・ひみつ（秘密）
・ようす（様子）
・さかん（盛ん）

といった言葉を使い、「農家の人はどのような工夫をしているのだろうか？」といった学習問題が立てられることが多い。

しかし、これだけでは、学習者の切実性はなかなか生まれにくい。「くふう」「努力」「願い」といったものは、学習者にとって「知りたい、もっと深めたい」「知らなくてはいけない」という状況でないとその内容の意義や価値はあまり見出せない。

食料生産を考えることは、これからの社会を考える上で極めて重要なことである。しかしながら、子どもたちにとって食料生産はそれほど重要に感じていないことも事実である。彼らにとっては、食べることは当たり前のことであり、食料生産や自給率が他人事のように感じてしまっているところがある。そのため、米づくりが、子どもたちにとってより身近で「つながり」を感じるにはどうすれば良いかと考えた。

そこで、学習内容に関するまちづくりの事例を探すことにした。

インターネットでは、農業や生産量に関するデータは京都府や農林水産省のホームページなどから調べることができる。あれこれと調べている中で、私が注目したのが、「京都府米食推進協会」の取り組みだった。

京都府農産課のホームページ[※40]には、

京都府米食推進協会は、京都府内産米の振興、知識の普及、消費の拡大、米穀流通の適正化を図ることを目的に、京都府民への普及をはじめ、京都米を恒常的に使用し、広く府民や府を訪れる観光客に対して、京都米を使った料理を提供する店舗を「京都米提供店」として登録していただき、理解と普及の取り組みを推進しています。[※40]

と書かれている。子どもたちと関わりのある京都府では、京野菜ならぬ、**京都米と言われるお米**があり、その普及のために様々な取り組みをしていることを知った。

そこで、京都府米食推進協会に連絡をしたところ、

「そういうことなら、あの人だ」

と、紹介していただいた方が、一般社団法人京都府米食推進協議会の専務理事（当時）の尾松数憲さんだった。

2．学習内容に関係するまちづくりを行う問題解決者を探し、資料化する

尾松さんは、大学院を修了後、生活協同組合で勤務された。退職後は、地域の農業を活性させるため、大阪府立農業大学校などで後進の指導やＮＰＯ日本都市農村交流ネット

ワーク協会（現在副理事）の立ちあげに関わるなど、様々な活動をされている。京都府米食推進協議会の専務理事（当時）として、管理栄養士志望者に対して京都米をより広めるための講座を開くなど、京都で栽培・収穫したお米を食べることによって、地産地消を実現し、地域の食料自給率を高め、自然を守る取り組みをされていた。まさに、京都米をはじめとした、食べる人、つくる人をつなげて地域力を高めるまちづくりのエキスパートである。

こうしたまちづくりのエキスパートに出会う時、「○○ならあの人だ」と紹介されることがある。実はこうしたまちづくりのエキスパート的存在の人に出会えるかがこのまちづくり的社会科のポイントとも言える。こうした人たちは、市役所や協議会のような都道府県関連の団体とつながっていることが多い。そこで、まずは様々な関連団体に電話をし、色々相談することで数珠つながりに道を開けるようにしていきたい。

早速、尾松さんと連絡を取り合い、ご自宅でインタビューを受けて頂き、単元構成と資料化を行うことにした。

表 4-1　わたしたちの生活と食料生産（教材開発）

単元計画

<table>
<tr><th></th><th>学習内容</th><th>資料</th><th rowspan="4">学習問題：京都米を通して農業をする人を増やし、自給率を高めるには</th></tr>
<tr><td>1</td><td>食料生産の問題点を知ろう。
【学習問題をつくる】

keywords
・食料自給
・外国からの輸入</td><td>①農業従事者の減少、および高齢化の問題（導入資料）
（補助資料：食料自給率の低下、輸入の増加）
②京都米（写真）　③尾松数憲さんについて

京都府立大学大学院を終了後、生活協同組合で働かれ、退職後は、地域の農業を活性させるため、大阪府立農業大学校などで先生をしている。京都米にも大変詳しく、管理栄養士志望者へ京都米をより広めるための授業や京都府米食推進協議会の専務も務められている。</td></tr>
<tr><td>2</td><td>米づくりから食料生産を見てみよう。
【京都米ができるまで】

keywords
・専業農家</td><td>①米農家の課題（導入資料）
・専業農家　・兼業農家のグラフ・・・従事者の減少の確認。
②京都のお米ができるまで（追究資料）
京都米ができるまでを見て、米づくりで一番大切なことはどこだろうかと、その理由を話し合う。
③尾松さんの話

田おこしと代かきです。米づくりは、「温度と水」がとても大切です。雪解けのきれいな水、空気、太陽（日射）温度が欠かせません。そのため、新潟は米作りの産地ですね。田んぼの手入れも大切です。気温は平均23℃がよいと言われ、京都府では、北と南は温度が違うため、育てる品種や時期がちがいます。今問題となっているのが温暖化でお米が白濁化（乳白米）になってしまうところです。</td></tr>
<tr><td>3</td><td>米づくりから食料生産を見てみよう。
【京都米の産地と生産のひみつ】

keywords
・品種改良</td><td>①京の米づくりの産地を確認（導入資料）
水や空気、温度が欠かせないことを知る。
②どんな品種があるかを出し合う。
※実際は140種類ほどある。京都府ではコシヒカリは5割
③今の京都のお米の種類の割合（追究資料）
なぜ、コシヒカリではなく、新しい品種に挑戦しようとしているのだろうかと、予想する。A 気候に対応するため　B 食味に対応するため　C 様々な用途に対応するため
④尾松さんの話

A 食味に対応するために品種がとても増えました。また、例えばお茶漬けにはサラサラした「日本晴れ」が好まれるなど、食べ方やお酒など様々な使い方に応じて品種が増えました。ちなみにコシヒカリの栽培面積は5割で昭和19年にそのもとが作られました。そのコシヒカリのもとになった苗は、農林22号と農林1号です。農林22号のもとは京都府の向日市の山本新次郎が見つけ出した「旭」です。農林1号は、昭和6年に亀岡市出身の並河成資（なみかわしげすけ）という人が作り出しました。北陸地方は、今はお米の産地として有名ですが、昔は味が悪く、安い価格でしか売ることができませんでした。この状況を変えたのが北陸の米づくりの救世主と言われた農林1号です。（母：農林22号×父：農林1号）</td></tr>
</table>

4	米づくりから食料生産。 【京都米を支える人はどんな人？】 keywords ・共同作業 ・農協協同組合	米づくりを支える人はどんな人？ ①府県試験場・JA（営農支援）の存在（導入資料・教科書） お米を精米して売る会社（仲介となってくれる） ②京都府米食推進協議会の存在を知る（追究資料） どの事業に力を入れているか？ A：京都米の販売、協力店の設置の促進事業 B：京都米提供店登録事業及び登録書交付の事業 C：京都府農林水産フェスティバル、他、諸行事での京都米消費拡大、PR 活動等の推進 D：京都府産米の産地、特徴、品種等の知識の普及、宣伝 E：京都に学ぶ、栄養士、管理栄養士をめざす学生さんからの「京都米の良さの発見」、「京都米プレゼンテーションの提案」、「日本型食生活の提案」等の提案事業 F：京都米、京野菜を使った献立の普及 ③尾松さんの話 とくに、BとEに力をいれています。やはり、食べていただかないと始まらないので、京都米を使ってくれる消費者・ホテル・飲食店・学校を増やすように取り組んでいます。京都米を8割使用、10か月以上使っている店を認証していて、京都の料亭さんが多いですね。二つ目は京都米とは何かを管理栄養士の卵に伝えていくなどして、多くの人が京都米を食べてもらえるように様々提案をしています。今は、京都米講座で米粉を使った料理やケーキづくりを紹介し、多くの人に伝えています。	
5	食料生産問題への自分なりの解決策を考えよう。 【京都米を広めるために】	京都府米食推進協議会に「京都米を広める」提案をしよう。 ①尾松さんのビデオ（2分） ②提案書を書く	
6	尾松さんにどの提案書がよかったかを教えてもらおう。	尾松さんに提案書を読んでもらい、どの提案がよかったかを教えてもらおう。また、食料生産や京都米についてお話をしてもらおう。	

（著者作成）

3. 学習内容を踏まえた「まち」の問題解決のための学習問題をつくる

従来の社会科授業と比較すると次頁のようになる。教科書[※41]では、単元の最後に社会問題、ここでは、米の生産量や米の生産に関わる従事者の減少が記載されている。まちづくり的社会科では、こうした社会問題をまず提示していく。その上で、その改善に努める問題解決者（まちづくりに携わる方）を紹介し、その方の取り組みや発言を教科書と重ね合わせながら学んでいく。

学習問題づくりでは、農業従業者減少の社会問題を扱い、自分たちのまちでも高齢化とそれに伴う生産者の減少が起こっている事実に出会うようにした。そして、そうした問題に対して「京都米」というブランドを活かして米の消費を伸ばそうとする尾松さんを紹介することで学習に入るようにした。この単元では、学習問題を次のようにした。

> 農家の人が減って、京都（日本）産のお米が少なくなる問題を解決するための京都米作戦の提案をしよう。

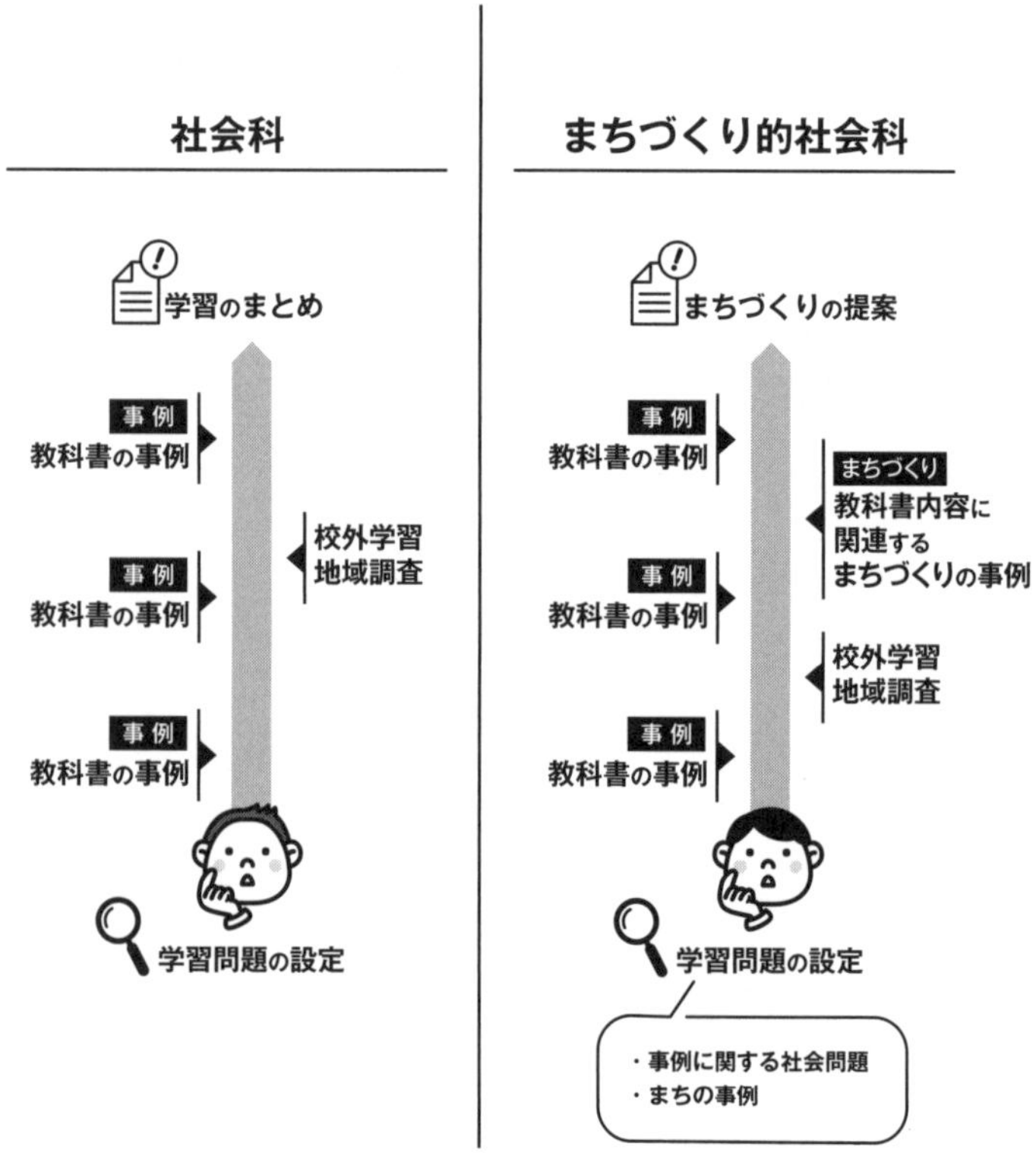

図 4-1　社会科とまちづくり的社会科の単元構成と使用事例の比較

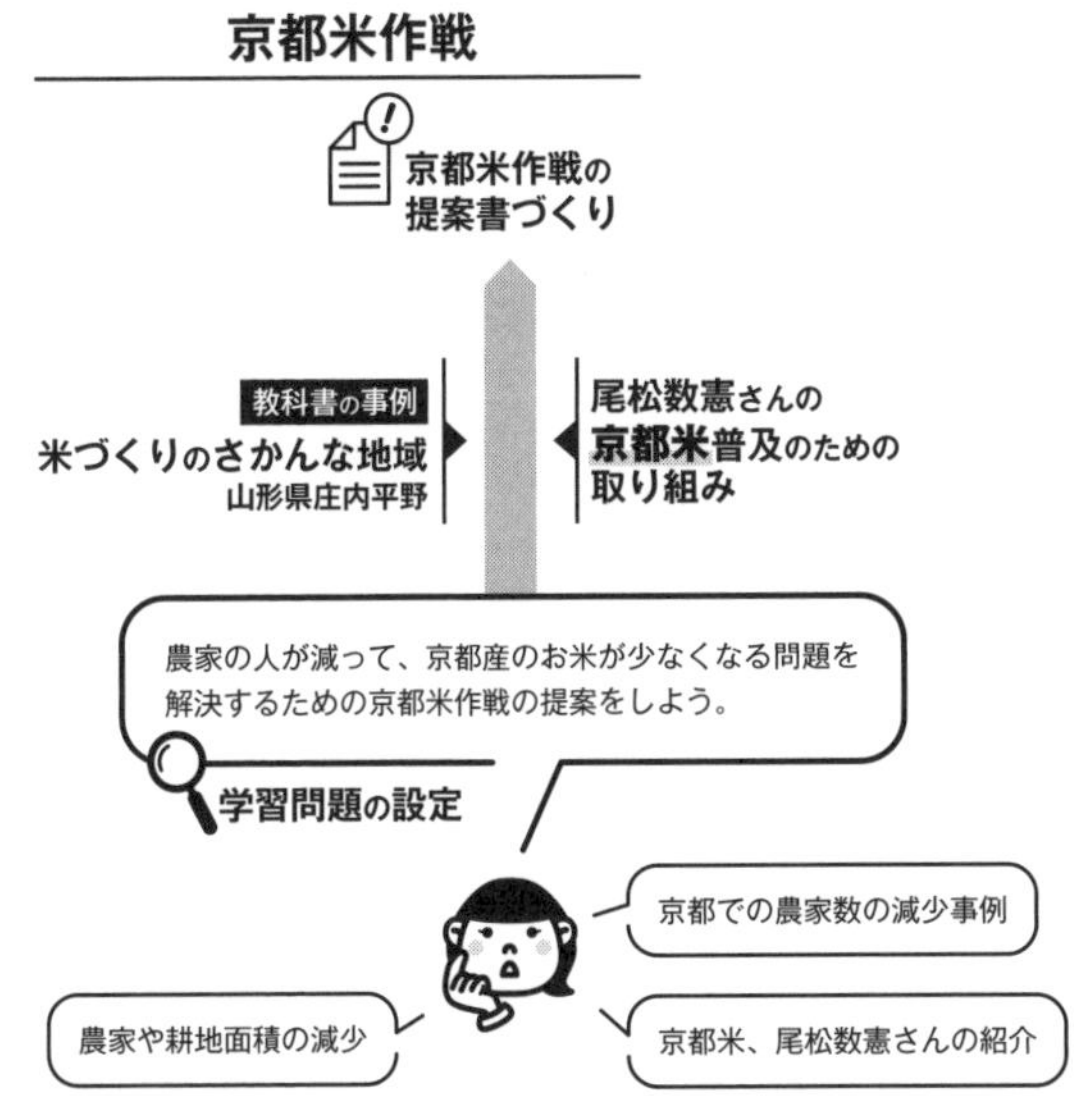

図 4-2　5 年生「京都米大作戦（米づくりのさかんな地域）」の単元構成と活動事例

4. 学習した内容を生かし、自分なりのまちづくりの案を作成、提案する

子どもたちの提案に対して、ゲストティーチャーに何らかの形で関わってもらうことで、提案することへの意欲が高まると考えた。今回は、尾松さんに子どもたちの提案書（レポート）を読んでもらい、どの提案がよかったかを教えて頂いた。単元終了時には、学校に来て頂き、優れた提案の表彰と、京都米や食料生産についてお話をしてもらった。

5. 作成するまちづくりの案は問題解決者の方にも関わってもらう

自分たちのまちと関わりのある社会問題を単元の導入に検討し、その問題解決のために学習内容を学ぶという形で学習を進めた。米農家が減少しているという背景を知り、そのためにどのような解決策がよいかと考え、提案書をつくるというテーマで実践したのが本単元だった。授業では、

(1) 学習問題づくり
(2) お米のつくり方—米づくりの工夫を知る
(3) 米づくりの工夫—品種改良に込めた消費者への意識
(4) 米消費への工夫—輸送や消費拡大の取り組み
(5) まとめ—体験学習で訪れたまちの農業推奨のポスターを見ながら農家を増やす取り組みを考える

という学習を展開した。なお、提案書は国語科の学習とつなげ、国語科の時数を使って作

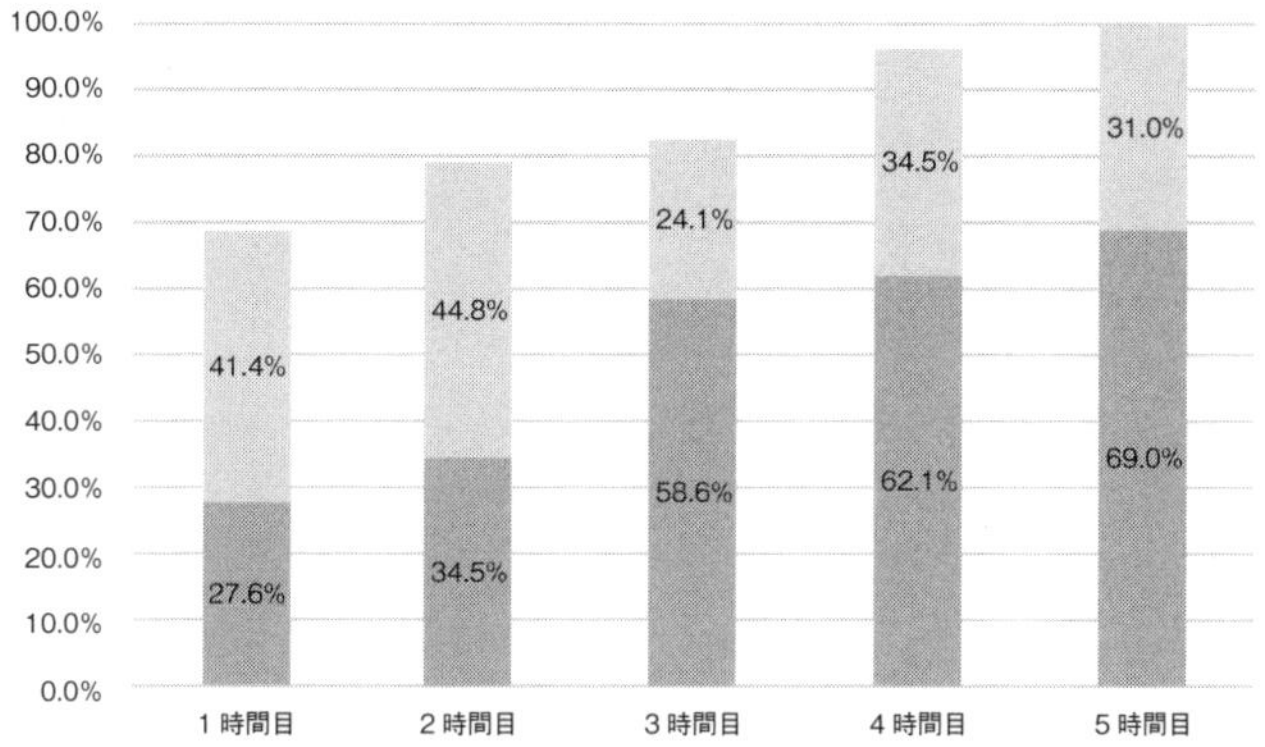

図 4-3　5 年生「京都米大作戦（米づくりのさかんな地域）」における提案書作成に伴う学習者の意識変化

成した。

授業を終えて、子どもたちの学習における意識の変化、つまり、学びに向かっていく意識はどのようなものだったかを調べてみた。実践した当時、授業の5時間の中で、「『京都米』の取り組みを通じて、学習問題を解決するため『京都米作戦』提案をしたい気持ちは、次のうち、どれぐらいですか。」と尋ね、「すごくしたい、とてもしたい、ややしたい、どちらかといえばしたい、あまりしたくない」について答え、学習の振り返りを書く時間を設けていた。その気持ちの変化を集計したものが上のグラフである。授業をするにつれて、「とてもしたい」が向上していくことが分かる。

尾松さんによるお話を聞いた後の子どもたちの感想を読むと、

・米を食べる人が減ってきて、作る人も減ってきている。
・農業の大切さを知った。
・京都米の種類の多さに驚いた。
・米粉の使用の利点や使い方（尾松さんのお話から）。
・尾松さんの資料があったから、提案書をつくることができた。
・提案書をつくることで、色々な発想や考えが生まれた。
・お米のよさを伝えたい。
・お米が好きになった。

といった振り返りを残している。このことから、単元を通して尾松さんから学び、提案書を読んでもらえたことからも、学習の意義や価値を感じることができたのだと考える。実際に「尾松さんに会える」と知った時、クラスの子どもたちはとても喜んでいた。

子どもたちは自分たちに関連する地域（まち）への認識を生かしつつ、その認識と事実のズレや違いにまず驚いた。そして、そこから自分の関連する地域（まち）の問題を捉え、自分なりの考えを提案することができた。この授業に欠かせなかったのは、まちづくりに関わる問題解決者の方の存在であった。

従来の社会科では、ゲストティーチャーは、単元の中において、学習内容に関する一単位時間のスピーカーとして限定されている場合が多い。単元の一部に出てきて、コメントをするというイメージである。

しかし、まちづくり的社会科においては、資料提供者のみならず、単元全体で子どもたちと共に学習を展開し、さらに子どもたちの提案を受け取り、時にはまちづくりについての助言を与える立場でもあって欲しいと考えている。

6．教科書をいかに効果的に使用し、学びを深めることができるか

子どもたちが作成した提案書がどの学習内容に反映されているかを調べていくと、次頁のようになった。なお、提案書には、複数の学習内容が掲載されていることが多い。一番多かったのは京都米の普及についての内容だった。30人の学級で24人が提案書に取り入れているので、書きやすさもあったが、尾松さんの取り組みに共感した子も多くいたことも考えられる。

一方で、農家数減少や米のつくり方といった教科書記載の内容について取り上げる子ど

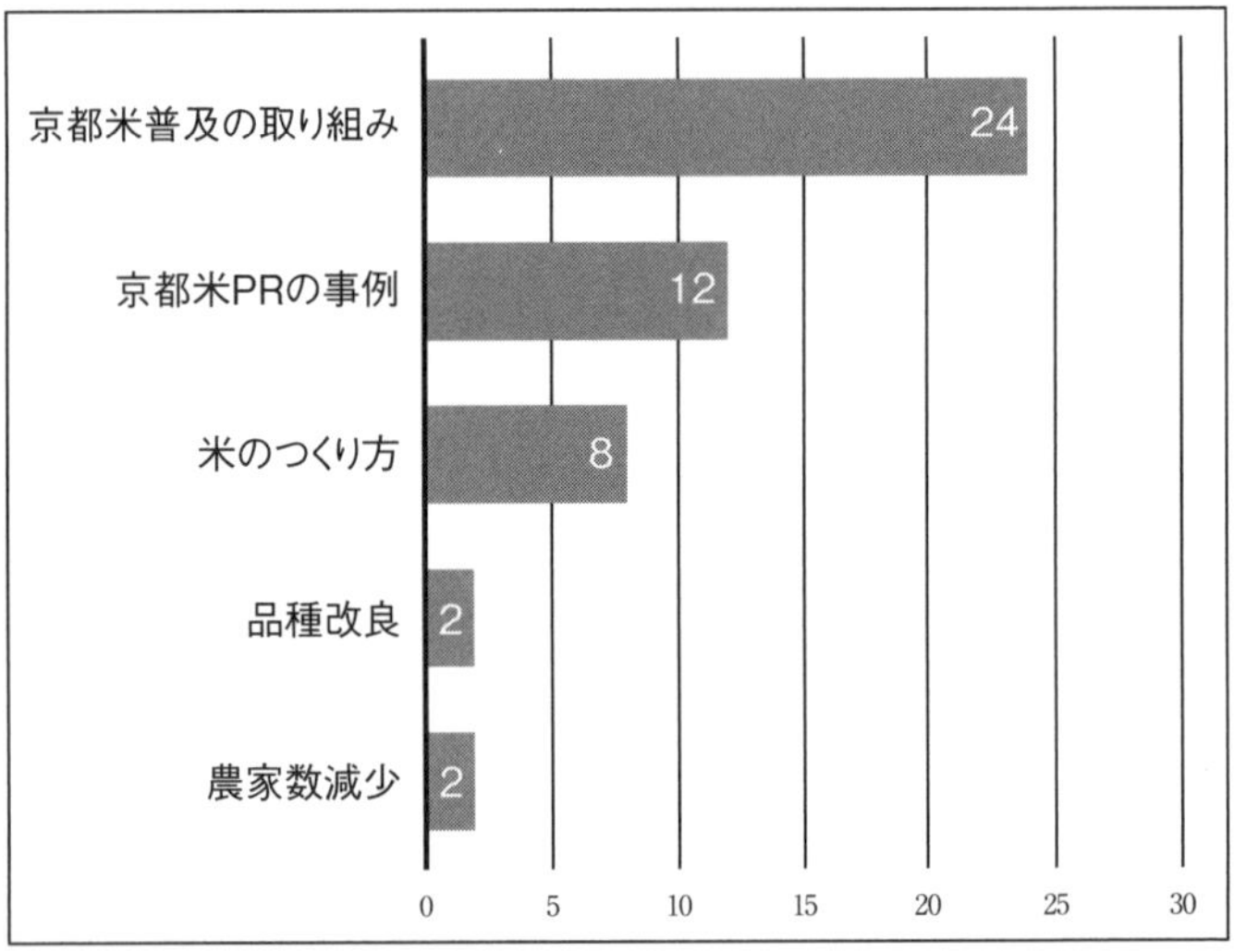

図4-4　5年生「京都米大作戦（米づくりのさかんな地域）」における提案書に記載された学習内容（複数）

もは多くはなかった。尾松さんによる資料が優れていたこともあるが、教科書の内容と比較する時間を設けることや教科書も生かしながら提案書づくりをすることで、効果的に学びを深めることにつながる可能性があったのではないかと考えた。

郵便はがき

料金受取人払郵便

本郷局
承認

3601

差出有効期間
2022年２月
28日まで

１１３８７９０

東京都文京区本駒込5丁目
16番7号

東洋館出版社
営業部 読者カード係 行

ご芳名	
メールアドレス	@ ※弊社よりお得な新刊情報をお送りします。案内不要、既にメールアドレス登録済の方は右記にチェックして下さい。□
年　齢	①10代　②20代　③30代　④40代　⑤50代　⑥60代　⑦70代～
性　別	男　・　女
勤務先	①幼稚園・保育所　②小学校　③中学校　④高校 ⑤大学　⑥教育委員会　⑦その他（　　　　）
役　職	①教諭　②主任・主幹教諭　③教頭・副校長　④校長 ⑤指導主事　⑥学生　⑦大学職員　⑧その他（　　　　）
お買い求め書店	

■ご記入いただいた個人情報は、当社の出版・企画の参考及び新刊等のご案内のために活用させていただくものです。第三者には一切開示いたしません。

Q　**ご購入いただいた書名をご記入ください**

（書名）

Q　**本書をご購入いただいた決め手は何ですか**（1つ選択）

①勉強になる　②仕事に使える　③気楽に読める　④新聞・雑誌等の紹介
⑤価格が安い　⑥知人からの薦め　⑦内容が面白そう　⑧その他（　　　　　）

Q　**本書へのご感想をお聞かせください**（数字に○をつけてください）

4：**たいへん良い**　3：**良い**　2：**あまり良くない**　1：**悪い**

本書全体の印象	4—3—2—1	内容の程度/レベル	4—3—2—1
本書の内容の質	4—3—2—1	仕事への実用度	4—3—2—1
内容のわかりやすさ	4—3—2—1	本書の使い勝手	4—3—2—1
文章の読みやすさ	4—3—2—1	本書の装丁	4—3—2—1

Q　**本書へのご意見・ご感想を具体的にご記入ください。**

Q　**電子書籍の教育書を購入したことがありますか?**

Q　**業務でスマートフォンを使用しますか?**

Q　**弊社へのご意見ご要望をご記入ください。**

ご協力ありがとうございました。頂きましたご意見・ご感想などをSNS、広告、宣伝用に使用させて頂く事がありますが、その場合は必ず匿名とし、お名前等個人情報を公開いたしません。ご了承下さい。

社内使用欄　回覧　□社長　□編集部長　□営業部長　□担当者

二、自分たちの「まち」の政策の是非を問う

5年生 「環境を守る京都（環境を守るわたしたち）」の実践

本単元は、東京書籍「新編新しい社会　5年下」[※41]の「環境を守るわたしたち」に該当するものである。ここでは、教科書の内容が「自分たちのまち」、つまり京都府や京都市に関する内容を取り上げており、教科書をそのまま使用しても自分たちのまちのことが学べるものであった。

しかし、より「自分ごと」として考えることができるように、まちづくりの視点から単元構成を組みかえ、実践を行った。

1．学習内容に関連するまちづくりの事例を探す

当時の教科書では、「豊かな水資源をもつ京都市」として、学習問題を、「京都の人々は、鴨川をどのようにきれいにし、どのように守っているのでしょうか」[※41]と設定し、以前は汚れていた鴨川を再生し、維持していく取り組みを鴨川条例や鴨川を美しくする会の方の話

を踏まえながら展開していた。そして、環境を守るために、市民はどのような取り組みをしているかを考え、その事例として、食用油を使った市バスの利用を取り上げ、単元の最後に「立場を決め、鴨川をきれいにする取り組みをまとめよう」としていた。

この単元に入る前に、学級の子どもたちは筑波大学附属小学校の由井薗健先生に「公害をこえて」の単元で水俣病についての特別授業をして頂いていた。環境を守ることの意義を痛感した子どもたちの思いを生かしつつ、環境を維持しながら開発や生活をすることについて考えを深めたいと考えた。とくに、環境を守ることは大切だが、「どのように守るか」については議論が多くあり、是非が問われるとも考えていた。しかし、だからこそ多様な意見が生まれる「まちづくり」の視点が必要ではないかと考えた。

そこでふと目に留まったのが、教科書の「京都市では、まちのながめが伝統ある市のイメージをそこなわないように、建物の高さやデザイン、屋外の広告を制限する『新景観政策』を進めています[※41]」という一文だった。これは、まさに「まちづくり」の視点が組み込まれていると考えた。そこで、新景観政策について市役所に問い合わせ、教材づくりを開始した。

2．学習内容に関係するまちづくりを行う問題解決者を探し、資料化する

まちづくりを行う問題解決者を探す中で、まず、京都市の都市計画局都市景観部景観政策課に問い合わせ、取材を行った。また、そこで、資料[※42]（「京のサイン」京都市都市計画局広告景観づくり推進課）を頂き、教材にすることができた。

教科書をベースにした従来の社会科と単元を比較すると次項[※43]のようになった。

本単元では、前時までの水俣病の授業を振り返りながら、京都市の環境保全のまちづくりの事例をもとに学習問題を作り、京都市営バスや、鴨川を美しくする会の取り組みを学んだ上で、新景観政策の是非を話し合い、自分が考える環境を考えたまちづくりの提案書を書くという単元の構成[※43]を図った。

鴨川と憩いの場（著者撮影）

表 4-2　単元設計の展開（教科書を中心とした指導計画との比較）

	平成 27 年度用「新編 新しい社会」年間指導計画作成資料		まちづくり的社会科の視点による単元設計	
目標	■身の回りの生活環境や公害に関心をもち、産業の発展や都市化の進展にともなって生じた公害や、それらから国民の健康や生活環境を守る取り組みの様子を理解し、環境汚染から健康や生活環境を守るためには、企業や行政の取り組みだけでなく、わたしたち一人ひとりの努力や協力が必要なことがわかる。 ■身の回りの生活環境や公害から学習問題を見いだし、観察・調査したり地図や統計、写真などの資料を活用したりして必要な情報を集め、読み取ったことを文章や作品にまとめるとともに、公害とわたしたちの生活や産業とのかかわりについて思考・判断したことを適切に表現する。		京都の人々のくらしと環境を守るための取り組みを、環境を守るまちづくりの視点から自分たちの生活とつなげ、一人ひとりの協力の重要性について考えながら自分なりの提案をすることができる。	
学習問題	京都の人々は、鴨川をどのようにきれいにし、どのように守っているのでしょうか。		環境を守り、よりよくするために、どのような視点で取り組んでいるかを学び、自分たちで提案しよう。	
単元計画	テーマ	本時の学習課題	テーマ	本時の学習課題
1	豊かな水資源をもつ京都市 該当教科書 p.114 ～ 115	京都市の人々のくらしと水との関係を考えて、学習問題をつくりましょう。	学習問題づくり 該当教科書 p.114 ～ 115、「わたしたちの環境」京都市環境副読本等	まちづくりの視点をもとに学習問題をつくろう。
2	美しさをとりもどすために 該当教科書 p.116 ～ 117	きれいな鴨川をとりもどすためにどのような努力があったのでしょうか。	京都市バスの取り組み 該当教科書 p.120 ～ 121、新聞記事等	食用油を回収して市バスなどに使う試みは成功といえるのか。
3	とりもどした環境を守るために 該当教科書 p.118 ～ 119	きれいになった環境を守るためにどのような取り組みがなされているでしょうか。	鴨川の今昔と鴨川条例（Ⅰ） 該当教科書 p.116 ～ 119、自作資料 （杉江貞昭さん提供資料）	なぜ、杉江さんの心を何十年間も動かし続けたのか。
4	環境をもっとよくするために 該当教科書 p.120 ～ 121	環境を守るために市民はどのような取り組みをしているのでしょうか。	鴨川の今昔と鴨川条例（Ⅱ） 該当教科書 p.116 ～ 119、鴨川条例 関連資料（京都府 HP より）	鴨川条例は厳しい取り組みといえるのか。
5	それぞれの立場で話し合う 該当教科書 p.122 ～ 123	京都市の人々の健康や生活環境を守るための取り組みをまとめましょう。	新景観政策から 10 年 該当教科 p.119、自作資料（福本えりかさん提供資料）	新景観政策は厳しい取り組みといえるのか。
6			環境を守るまちづくり提案	学習問題をふまえ、環境を守るまちづくりの提案を考え、つくる。

出所　東京書籍（2017）、長瀬（2019）

3．学習内容を踏まえた「まち」の問題解決のための学習問題をつくる

授業の導入では、水俣市のまちづくりの取り組みを振り返るところから学習をはじめた。水俣市は、環境モデル都市になっていること、水俣病が大きな問題となり、その解決を目指してきたことを子どもたちは振り返った。

その上で、水俣市と比較し、京都市も「環境モデル都市」であることを紹介すると、子どもたちは、「え！そうなんや！」と驚いた。そこで、どんな環境の問題があるかをたずねると、

「鴨川は昔は汚れていて、きれいになった」

と鴨川の環境問題を上げる子や、

「ごみの量が増えた」

と述べた子もいた。教科書を見てみると、子どもが発言したように、鴨川には以前、大きな問題があることに気づいた。一方、鴨川以外の環境問題に関連する資料を見せ、二酸化炭素削減が目標までまだ達していないことを紹介したが、子どもたちはあまり興味を示さなかった。また、京町家の問題について聞くと、

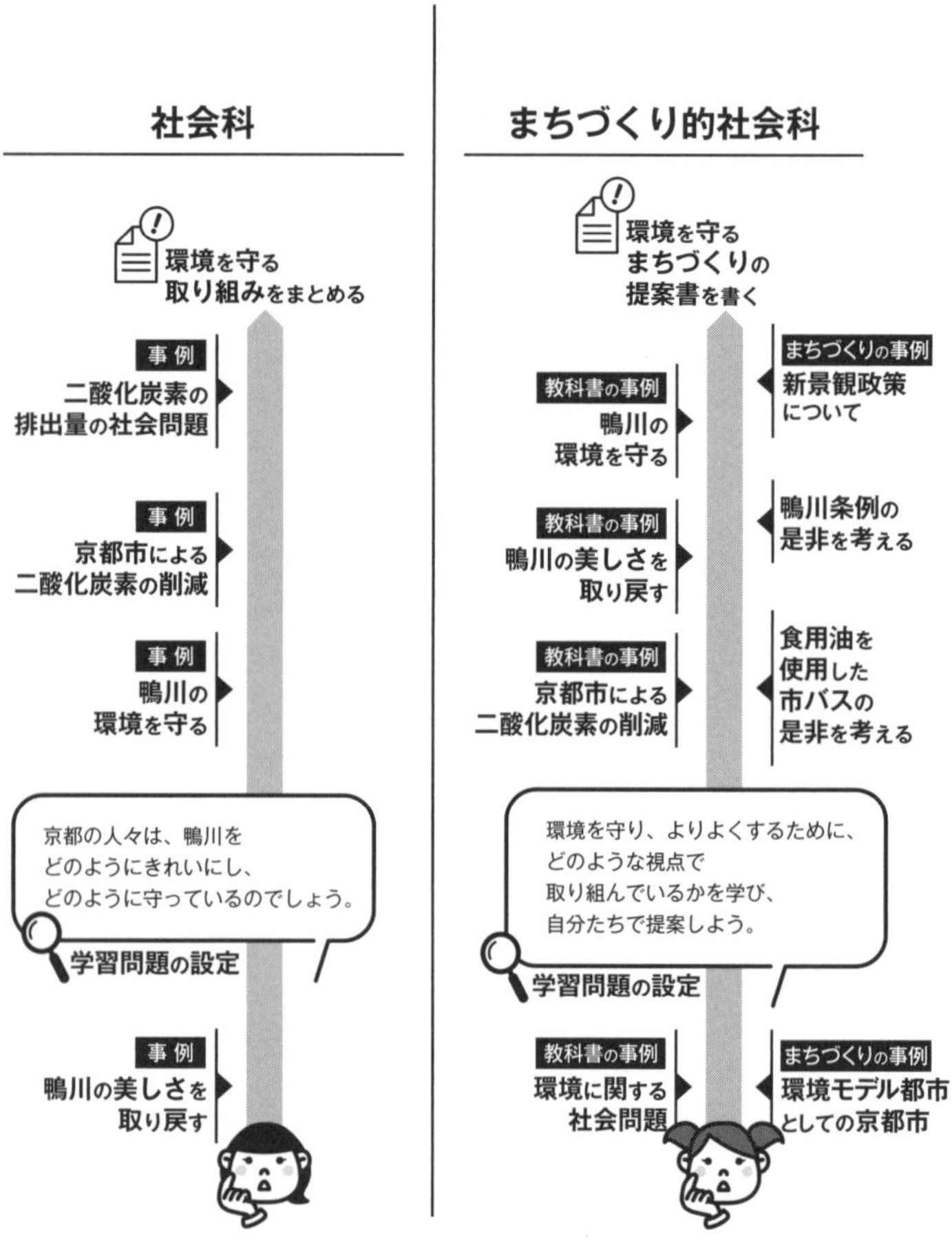

図 4-5 「環境を守る京都（環境を守るわたしたち）」
社会科とまちづくり的社会科の単元構成と使用事例の比較

「歴史・文化がなくなってしまうから残した方がよい」

「京都ならではの伝統を守った方がよい」

という意見があり、環境は自然だけではなく、生活、歴史、住まいに関する内容も含まれていることに気づいた。そして、水俣の時のまちづくりのキーワードである「もやいづくり」を振り返り、3つ視点があること（人と人、人と自然、過去と未来）を思い出した。

その上で、学習問題は、

> 環境を守り、よりよくするために、どのような視点で取り組んでいるかを学び、自分たちで提案しよう

となった。

4. 学習した内容を生かし、自分なりのまちづくりの案を作成、提案する。

「環境を守るまちづくり提案」をつくる前時は、5時間目の「新景観政策から10年」というテーマで学ぶ京都市の環境とまちづくりを扱う時間であり、単元のクライマックスでもあった。この単元での話し合いが、提案書づくりにも大きな影響を与えると考えていた。

まず、祇園祭が行われている四条河原町の写真から、「見て分かること」を聞き、さらに「それはなぜか」とたずねた。

そして、「どこの場所か分かる?」と聞くと、あまり分からないようだったので、「何市か分かる?」と再び問い、京都市の祇園祭の様子であることを確認した。その上で、10年前の同じ場所の写真を見せ、「何が違うかな」と聞いた。「比べてみる?」と促すと、「そうする」と子どもたちは答えたので、写真を並べて比べてみた。10年前と今の場所を比較すると、

表 4-3 「環境を守る京都　新景観政策から 10 年」の授業計画

第５学年　社会科学習指導案

1．単元名「環境を守る京都 ～まちづくりの視点から～」

2．教　材「新編新しい社会科５年」東京書籍 「わたしたちの環境」京都市環境副読本
「京のサイン」京都市都市計画局 広告景観づくり推進課
京都市都市計画局都市景観部景観政策課取材資料

3．単元目標

京都の人々のくらしと環境を守るための取り組みを、環境を守るまちづくりの視点から自分たちの生活とつなげて考え、一人ひとりの協力の重要性について考え、自分なりの提案をすることができる。

4．指導計画（省略）

5．本時の学習

（1）目標（5／6）

10 年間の京都のまちの違いを見つけながら、新景観政策のよさと課題を考え、京都の生活環境を守るための取り組みを考えることができる。

（2）展開

児童の活動	教師の働きかけと評価
1．10 年前と後の京都の町なみを比較し、変化を考える。 ・同じ場所なのに、看板がほとんどないよ。 ・地味になった。　・今の方が京都らしい。 ・祇園祭の鉾がとても目立つようになった。 2．新景観政策の取り組みを知る。 3．本時の学習課題をつくる。	○今の時代の四条河原町の写真を見てから、10 年前のほぼ同じ場所の写真を見て、その違いを出すことができるようにする。 ○なぜ、10 年間で景色が大きく変わったかについて意見を言うようにする。 ○教科書に数行書かれている新景観政策の取り組みをきっかけにし、資料（市役所のＢさんの話）をもとに新景観政策の概要が理解できるようにする。
10 年続けている新景観政策は厳しい取り組みといえるのか。	
4．新景観政策がだれにとってどんなことが厳しいのか（厳しくないのか）について考える。 ・市民にとっては厳しい。高い建物に住めない。 ・企業にとって厳しい。広告を出せなくなる。 ・市民にとっても厳しくはない。協力して京都らしいまちにするには仕方がない。 5．なぜ、京都では、新景観政策が必要で十年間も続けてきたのかを考える。 ・京都らしい町なみにするためだと思う。 ・京都のほこりや文化を守っていくため。 6．学習問題を考えながら、ふりかえりをする。	○資料（市役所の福本さんの話）をもとに考えを明らかにする。特に、京都に住んでいる人や困っている人はいないかという視点をもって考えるようにする。 ○「厳しい」のはだれにとってであり、どんな内容かを考えることで、新景観政策のよさと課題を見つけ、環境をつくるまちづくりをするために多くの話し合いや協力が必要であることを知る。 <評価> ○ 10 年間の京都のまちの違いを見つけながら、京都の生活環境を守るために多くの方の協力や努力が必要であることを考える。（思考）

平成 27 年
提供　京都市
（「京のサイン増補版」京都市都市計画局
都市景観部広告景観づくり推進課）

平成 19 年
提供　京都新聞

今：空が広い。

　まちの奥まで見える。

昔：看板が多い。

　信号が多い。

　何があるかがよくわかる。


という答えがあり、「どちらが好き？」と聞くと、

「ひかえめで景色がおちつく」

「すっきりしている」

から現在の方がよいといった意見があった。そこで、「教科書からその理由を探してみよう」と声をかけると、子どもたちは京都市では新景観政策が行われていることに気づい

た。

そして、教科書には数行しか書かれていないため、新景観政策の概要についてまとめた資料を読み、「新景観政策は厳しい取り組みといえるのだろうか」を本時の学習問題とした。ちなみに、新景観政策は、他市にはないような建築物の高さや看板の設置についての制限がある。配布した資料をもとに、「だれにとって厳しいか」と考えるようにした。厳しいか否かの評価に終わるのではなく、「だれにとって厳しいのか。しかし、それでもなぜするのか」といった視点をもとうと促し、「前時の学習では、市民の視点は出てきたが、企業の視点が出てこなかったので、そうした様々な視点が出てくるといいね」と声をかけた。

新景観政策の例

高さの規制

歴史的な町並み

・京町家などが多く残る旧市街地等は，高さの最高限度を15mとしています。

都心部幹線道路沿いの町並み

・都心部の幹線道路沿道等は，高さの最高限度を３１mとしています。

建物の高さの最高限度を決め、町の中の約３割の地域で高さの規制を強化。

京都市眺望（ちょうぼう）景観創生条例

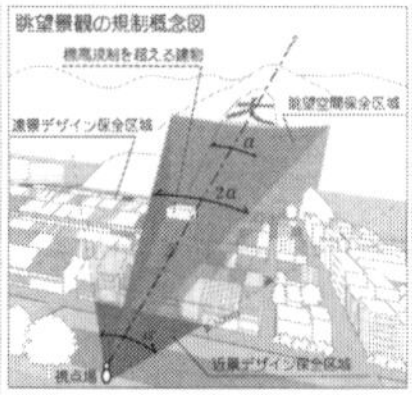

大文字をはじめとする場所のながめを守るために、ながめに入ってくる場所を守り、規制をするなど、まちの美しさを保っていくための基準をきめる。

屋外広告物対策の強化

ビル屋上の広告塔《こうこくとう》や点めつするネオンなどの屋外広告物を市内全域で禁止。また、優良な屋外広告には表しょうや支援をおこなう。

京町家の支援

京町家を残していくための支援《しえん》をおこなう。

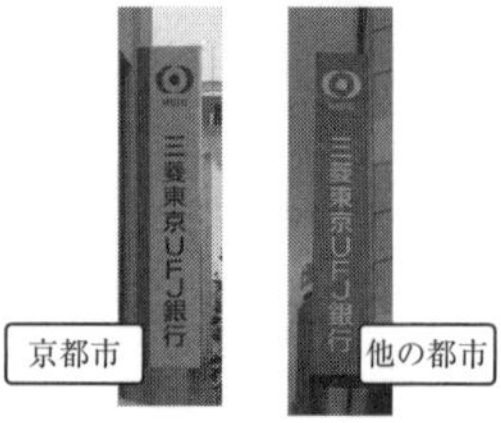

資料
「京都の景観　Landscape of Kyoto」
「新景観政策　時を超え光り輝く京都の計算づくり」
「京のサイン」

図 4-6　新景観政策の例（資料をもとに著者作成）

その後の話し合いの様子を見てみよう。

C1：視点は市民で。どっちかと言えば、ちょっとだけ厳しい。資料にも書いてあるけど、見直しとかする時に税金がかかるから。その税金を出すのが市民だから。

T：いいところ見つけたね。

C2：視点はC1君と同じで、市民で。教科書p.129にあるように、災害があった時に、建物とか見ていると、京都の歴史的なものが壊れたり、京都らしさがなくなると、思っているような京都らしさがなくなってしまう。

C3：C2君と似てるけど。資料や教科書にはなくて、本当にあったことだけど、（祇園祭の）鉾が動いている時に、そばに建物があるとやりが潰れてしまうことがあったから。

T：祇園祭の鉾を（この場所で）実際にやっているのだね。

C4：やっぱり、その京都の伝統を守るものだから、残した方がいいということもあるから、もうちょっと厳しく残した方がいい。

T：いいねえ、自分の経験から。

C5：視点は市民で、ちょっと厳しいかもしれなくて…。C2君と似ているけど、資料にあるように京都らしさを見せていると思うけど、（高さの制限が）31mとかになっていくと都会的な感じになって、昔ながらの京都をアピールというか、残せなくなってしまう。

T：C5さん、どっちも考えちゃうってことだね、悩みがよくわかるよ。

C6：あまり厳しくないと思います。C1君にいうことだけど、市民に税金をかけることになるけど、歴史的なものを守れるし、観光客が増えていったら税金も減っていくだろうし、動物も住みやすくなるし。歴史なことも考えて、（高さ制限）31m以下もやった方がいいし、京都らしさを残すためなら厳しくないと思う。

T：息の長い発言だね。

C7：少し厳しいと思って。視点はお店を作ろうと思っている人で、理由は派手な色にした方が目立つからお店の宣伝になるからこの色とかダメとか言われたら嫌だから。

T：そうだな。

C8：私は厳しくないと思って。視点は市民だけど、観光のためにした方がいいと思うし、五山の送り火とかで大文字とかでビルが高すぎて見えなかったら困るから。

C9：視点は企業で。厳しいと思う。塾とか会社とかは四条通とか出すだろうから。31mだとだいぶ中に入れる企業の数も限られてくるから。しかも看板に制限があるから看板が見えなくなるといまいち…

C10：私は市民の視点で厳しくないと思って。（※註　後の文脈を考えると厳しいという意図だったと考えられる）なぜかというと、初めて京都に来た人は高島屋で買い物しようと思っても看板がなかったら、どこにあるか困るから。

C11：私は京都市以外の人の市民の視点から考えて、少し厳しいと思って。京都市に家を建てようとして、その取り組みを知らなかったら、そういうデザインがいややったら、他のところに行ってしまって、市民が少なくなってしまう。

T：いい視点を見つけたね。よく考えていたね。

C12：私は他の人と違って視点は観光客で。観光客の人が来て、ビルが高くて看板も多くてがっかりされてあんまり良くないから。高さが低くても看板が出ていなくても他のやつが出てなかったらぜんぶ一緒やったら影響がないだろうし。京都のまちの仕組みづくりをするのに、京都らしさがなかったら意味がないから……厳しくないと思う。

T：C13さんで最後にしよう

C13：私は企業の視点から考えて厳しくないと思って、理由は看板を作ってはいけないのは目立たないかもしれないけど、資料に載っているけど、優れた店は表彰されるとあって、企業のPRにもなるから厳しくないと思う。

T：じゃあさ、これだけ意見が異なるけど、京都は10年やってきて、さらにやっていこうとしているのだけど、なぜ新景観政策を続けようとしているのかな。

C14：京都は昔ながらの建物があって、新しい建物がたつと京都らしさがなくなってしまう。

C15：私もC14君と似ていて、歴史とか伝統とかを後の人に伝えたくて……伝えるってこと？

C16：京都らしさを伝えるため……ビルとかもあるけど、京都のいいところを伝えるため。

C17：僕は京都のよさを伝えるために必要だと思うし、寂れていってしまったら再生は難しいから。

T：京都の人って納得していると思う？嫌々やっているの？

C18：めっちゃ嫌がっている。

C19：昔のことを再生してもらいたい。若い人は嫌がっている。
C20：企業の人は嫌がっている。
C21：嫌がっている。（だから）見直ししている。
T：嫌がっていても、でもしているの？
C21：京都しかない家を残していってほしいから。
C22：京都の伝統とか、歴史とか、もっと伝えて欲しい。
T：（資料の）市役所のBさんは何て書いてあったかな。
C23：（新景観政策は）京都市民と一緒に進めていきたい。
T：苦しい人もいるかもしれない。
T：様々な視点をもって学ぶことができたね。Bさんが言うように見直しができるってことだよね。自分たちで変えていけるってことさ。その前に提案書を作っていきましょう。

子どもたちは、市民、企業、そして観光客、他都市の人の視点から答えた。厳しいと考えた意見として、「税の負担（市民）」「人が減っていく（市民）」「目立たない（企業）」

「ビルの中に会社が多く入れない（企業）」いった答えに対して、厳しくないと考えた意見は、「歴史や伝統を守りたい」「京都らしさを保つ」「災害を防ぐ」「ＰＲできる」「祇園祭での鉾の移動の難しさ」などの意見があった。

その上で、「なぜ、京都では、新景観政策が必要で十年間も続けてきたのか」を問うと、「よいところを伝えたい」「再生はむずかしい」といった意見があった一方、「（市民は）嫌だと思う」と答えた子もいたので、「では、どうして10年も続けるの」とたずねると、「京都しかない（ものを残したい）」「伝えたいから」という意見があった。

子どもたちには、視点をもって話し合えたことを評価し、様々な視点に立って考えることの大切さを話した。環境を考えたまちづくりには多くの人の願いや思いが込められたものであり、そこには様々な人たちの視点が必要になる。その上で、自分たちが当事者として環境を守るまちづくりにするにはどうすればよいかを考え、次時の提案づくりにつなげていこうと話した。

子どもたちの提案書を整理すると次のようになった。

表 4-4　子どもたちが書いた環境を守る京都の提案書の分類

提案種類	テーマ	視点	提案内容
鴨川	京都の自然を守ろう	自然	京都府鴨川条例の看板をもっと分かりやすくして増やし、知らない人に知ってもらう。
鴨川	看板やポスターで鴨川の今昔の良さを楽しく伝えよう	人、市民、観光客	看板やポスターの英語版をつくり、鴨川が昔汚れていたこと、鴨川の今、良いところを伝える。
鴨川	鴨川で遊べるスペース作り	観光客、子ども、鴨川で遊ぶ人	鴨川で水遊びをしたくても危ないから安全なスペースを作る。
鴨川	鴨川の生き物を知ってもらおう	自然	鴨川に人がもっとたくさん来てくれるようにカメのブロックだけではなく、魚やカニのブロックを作る。
鴨川	鴨川に自然の水族館を作ろう	バリアフリー	魚道という魚専用の通路を開閉門もつくり、遊歩道の方に自然の水族館を作る。
鴨川	鴨川のとなりに公園を作り、観光客を増やそう	観光客、京都の子どもたち	川や木や昆虫など、自然と触れ合えるようにする。川は鴨川の少し低い所で安全第一に遊ぶ。
鴨川	今の鴨川を次の世代につなぐために企画を考えよう	次の世代の人たち、鴨川の自然	鴨川について知ろうというようなイベントをひらき、鴨川の生き物と触れ合ったり、水遊びをする。
鴨川	鴨川の人のふれあいの場所を作ろう！	人、自然	お花見をするスペースをつくり、その周りにお花を植えて外国人でも楽しめるようにする。
鴨川	京都市民で鴨川を残そう	人、自然	看板に韓国語や英語で書いてゴミを捨ててはいけないと分かるようにする。
鴨川	自然が豊かな鴨川をアピールする	自然	鴨川の自然を楽しんでもらうために鴨川が見えるスペースに椅子やテーブルを置く。
鴨川	鴨川のすばらしさを知ろう	自然	鴨川の素晴らしさを体験を通して知ってもらう。
鴨川	鴨川の生き物を守ろう	自然	鴨川の環境を壊さないように川の中になるべく入らないようにし、川に木を植えて虫などが住めるようにする。
鴨川	自然を見る人	自然	鴨川を美しくする会の方の意見をもっと詳しく伝える。
鴨川	鴨川に子どもも大人も遊べるところを作ろう	子ども、大人	チケットをつくり、みんなで遊べる場所を鴨川に作る。
鴨川	きれいな鴨川を残そう	自然、鴨川	町内で当番を決め、週に1回鴨川をきれいにする。ゴミの観察ノートや市民新聞を発行。
環境保全	人と人をつなぐ緑のボランティア	人	近所の人と一緒に町内に木を植える。
環境保全	色々な方法を使ってボランティアを残そう	ボランティア、川、森	ハイキングなどで多くの人に自然を感じてもらえるボランティアを募集。
環境保全	人の感じる色を使って	自然、植物	街路樹を植えたり花壇をあちこちに置いて、緑や黄緑、花の色のピンクなどを増やす。
環境保全	京都の景観と安全を守るために	車椅子の方	景観に合わせたゴミ箱を作ったり、ポイ捨てを厳しく取り締まる。ボランティア活動を行う。
環境保全	「環境モデル都市京都」として保っていくためにポスターで伝えよう	人、自然	市の人にバイオディーゼル燃料の素晴らしさをポスターで伝え、活用してもらう。
環境保全	京都をよりよくするために自然を増やしてPR	自然	木のなえを植えて、自然を増やす。
環境保全	地域の人と協力して自然を増やそう	自然	一ヶ月に一回、地域の人たちと協力してチームをつくり、知らない人に知ってもらう。
京町家	京都の町をよりよくするために京町家を残して観光客に伝える！	伝統、観光客	京町家を使ってよさを伝えるために、京町家を有効活用してミュージアムや資料館などにする。
京町家	京町家を広めるには？	京町家を知らない人(主に外国人)	パンフレットを使って京町家を広める。
京町家	京町家を守り、増やそう	伝統・観光客	京町家の工夫をパンフレットにし、観光案内所においたり、講演会をしたりする。
京町家	京町家を次の世代に残そう	伝統、歴史、観光	京町家を学生の宿や塾、お菓子屋さん、観光客の見学先などに利用。
歴史保護	京都の歴史を未来の人へ	高齢者	祇園祭を京都の人以外にチラシや広告を配り、鴨川にカメラやゴミ箱をたくさんの場所に置く。
歴史保護	京都の歴史（祇園祭）を守ろう	自然	祇園祭の歴史を使って環境を守る。
歴史保護	京都の歴史・伝統を知ってもらおう	観光客、伝統	昔の歴史の展覧会を開き、京都の歴史や伝統を知ってもらう。

提案書には鴨川に関するものが多かった。その理由として、この単元では、鴨川について学ぶ時間が多かったことや、子どもたちにとって鴨川は身近でまちのシンボル的な存在でもあること、具体的なアイデアが出しやすいものであったと考えられる。

提案書を読んでみると、例えば、「鴨川に人がもっとたくさん来てくれるようにカメのブロックだけではなく、魚やカニのブロックを作る」といった案があった。これは、鴨川には川の対岸から対岸へ移動できるように、亀の人工石が置いてあるのだが、それを様々なものに増やそうというものである。まちに住み、鴨川を身近に感じていないとなかなか考えることができないものであった。また、市民や観光客、障害をもった方など、さまざまな視点から考えることができた。

5. 作成するまちづくりの案は問題解決者の方にも関わってもらう

提案書は、実際に京都市都市計画局の方に読んでいただいていた。

・実効性（実行しやすそう）
・具体的（くわしく分かる）
・斬新的（面白いアイデア）

の視点から子どもたちはよいと考える提案書を相互に選んだ。同じように都市計画局の方にも見てもらい、コメントを頂いた。

子どもたち同士の交流に加えて、都市計画局の方にも読んでもらうことで、さまざまな視点からよさを見つけることができた。都市計画局の方に「よかった」と言ってもらい、励みになった子もいた。また、この提案書は、鴨川を美しくする会の方とつながり、鴨川茶店で掲示して頂く機会も得た。（なお、鴨川茶店とは、鴨川の美化運動の輪を広げ、意識を高める目的で行われているイベントである）

6. まちへの意識を高めつつ、環境への学びも深める

子どもたちの振り返りは次頁のようなものがあった。この実践を通して、子どもたちの普段の会話からも「まちづくり」という言葉がよく聞かれるようになった。自分たちの「まち」をよりよくするために、社会科を学んでいこうとする意識が高まり、実体験を踏まえながら話し合うことができた。子どもの意識や生活を大切にした単元づくり、教材づくりを通して社会科を構成することの必要性を学ぶことができた。

とくに、京都のまちづくりの内容を学ぶのではなく、**京都のまちづくりを事例として社**

会をよりよくするために学ぶという視点を大切にした単元構成を組むことで、自分のまちにも応用しようと考えることができた。つまり、「単元の学習が京都以外の地域のまちづくりをする時にも活かせるか」が大切であり、まちづくりの主体者として関わっていこうとする姿勢につなげることが最終的なゴールとなる。そのため、参観して頂いた同志社女子大学の藤原孝章先生からは「京都ファーストにならないように」という助言をいただいた。つまり、「京都は素晴らしい」というような地域の特性に終わるのではなく、それをいかに一般化していくかが求められる。

こうした実践の振り返りから、まちづくりの視点と社会科の視点の往来をすることが、この実践の面白さであり、難しさでもあると感じた。

表 4-5 「環境を守る京都」の振り返りの抜粋

子どもたちの振り返り	子どもの意識
この単元で私の知らない京都がたくさんわかりました。京都に住んでいるけど、「京都の取り組み」や「鴨川条例」のことなど、たくさん知らないことがあってびっくりしました。CO2 の排出量を減らしたり、一度汚れた鴨川をきれいにしたり、京都の町なみをきれいにしたのも、同じ人間だし、「鴨川を美しくする会」の人たちだから、その人たちに感謝したいなと思いました。	まち（京都）の再発見
鴨川は幼稚園の時に週 1 ぐらいで行っていたけど、身近すぎてとてもきれいだとは感じていなかったけど、鴨川条例について学習していろいろな人がきれいになるように努力していることが分かった。これからも、公害や環境について学んでいきたいです。普段の生き方もよく考えて行動したいです。	まち（京都）の再発見
京都はたくさんの取り組みがあるということが分かりました。また市民のことも考えているから、いい環境づくりができるのだと思いました。ほかに、建物をつくるのは、何 m までなど、昔ながらのまちなみを守るなどのルールがあるから、観光客が京都に集まるのだと思いました。	まち（京都）の再発見
提案書を書くにあたって、自然や伝統を守るために、市役所だけでなく、自主学習で調べてボランティア団体がとてもたくさんあることを知りました。提案をすることができてもその後の市民の協力などやることがなければいくら提案がよくてもどうしようもないことだと思います。	提案の実現、多くの協力
自然を守るためにやっている工夫では、エコを意識して、京都市バスでは天ぷら油を使って動かすと知りました。しかし、これにも問題があるので、そこをこれからどう工夫していくかは自分で考えて、提案できるようにしたいです。そして、考える時に視点をもち、どこから考えるといいのか考えたいです。そして、その視点の時、何がよくて、何がよくないかを考えたいです。そして、視点をもち考えるということを考えたいです。	視点の意識
市、バス、鴨川、景観などいろいろな取り組みをしているが、やっぱりまだポイ捨てなどの問題があり、そのことを直すと、京都のよさがもっとわかると思いました。また、今回習ったことを他の社会の学習でも活用できると思うので、今回習ったことを土台として次のステップへすすめるようにがんばりたいと思いました。また、京都市もいろいろな取り組みをしていることがわかりました。	問題意識
鴨川のことや環境のことや自然のことや人と人とのふれあいなどをたくさん考えることができた。京都を守るために人ががんばったり、使ったものでエコをしていてとても素晴らしい取り組みをしていたと思いました。僕もこんな行いをできるような京都人になりたいです。	京都人としての自覚

三、自分たちのまちの歴史を学び、伝える

6年生 「江戸幕府と政治の安定」の実践

歴史を学ぶ上で大切なことは、いかに「当事者性」をもって取り組めるかだと考えている。新型コロナウイルスの流行では、100年以上も前のいわゆるスペイン風邪（インフルエンザ）の流行と対策の歴史が思い出された。磯田[※44]は『感染症の日本史』の中で、世界的流行が起きた新型コロナウィルスの対策には「総合的な知性」が必要になり、「『総合的な知性』からの発想が要る問題には、長く、幅広く、時間軸で物事を捉える歴史学が最も威力を発揮」するとしている。つまり、歴史を自分ごととして捉え、今に生きる糧として学ぶことができれば、歴史学ほど社会で生きていく上で有効な学びはないだろう。

しかしながら、歴史学習において、当事者、つまり直接的に関わりをもつ者として学ぼうとすることは難しく、とくに、子どもたちにとっては過去の遠い内容になりがちである。子どもたちが多く住む京都市の場合、平安時代や室町時代の文化は、教科書の学習内容がそのまま「まち」の文化遺産に直接結びつき、学習者にとって親しみがあるものが多かっ

た。しかし、江戸時代になると、それまでの時代と比べて、政治や文化の中心が江戸（東京）になるため、学習者にとって、まちの文化遺産と学習内容とのつながりを感じることが難しい。実際には江戸と結びつく文化遺産は多く存在するが、意識しないとなかなか気づかない。

そこで、まちの文化遺産に着目し教材化することで、歴史とまちの文化遺産がつながり、学習者が当事者性をもって学習内容に対して自らの考えを深めることができるのではないかと考えた。

1．学習内容に関連するまちづくりの事例を探す

歴史と関連したまちづくりの事例を探すアプローチとして、二つの方法があると考えた。

一つは、歴史的文化遺産を使ってまちづくりをしている事例を探すことである。

歴史的文化遺産は、観光資源にもなりうる。そのため、寺本ら[※45]が取り組む「観光教育」の視点からまちづくりと重ね合わせていく手法である。例えば市の観光課と協力して、自分たちが調べたまちの歴史を紹介することで、観光まちづくりを展開していくのである。

もう一つは、まちづくりの歴史に焦点をあてることである。教科書に記載されている内容と同じ時代に繰り広げられたまちづくりに焦点を当てる。自分たちのまちを作った人たち（問題解決者）から歴史との接点を見い出す手法である。

今回は、後者の手法を取り入れることにした。本単元『江戸幕府と政治の安定』では、江戸幕府と関わりのあるまちの文化遺産である「二条城と京都所司代跡地」「伏見区の宿場町（参勤交代）」「角倉了以像」「元和キリシタン殉教の地碑」を扱うことにした。「二条城と京都所司代跡地」は、まちにある城を通して、幕府の力が強まった背景を知る。また、京都を治めていた京都所司代の存在も紹介する。京都所司代の屋敷を地図で見ながら、現在はどのようになっているかを調べると、小学校の跡地だった場所にあり、石碑しかないことも確認する。このように、より注目して見てみると、自分たちのまちには普段はあまり気づかないが、歴史的事象と強い結びつきがあるものに気づく。

2. 学習内容に関係するまちづくりを行う問題解決者を探し、資料化する

資料化するにあたって、徳川家光が確立した政治体制は京都にも大きな影響を与えていることを、身近な歴史的文化財を通して知る事ができるようにしたいと考えた。伏見区は

参勤交代の大きな舞台であり、薩摩藩と結びつきが強い場所である。角倉了以や元和キリシタン殉教の地の像や碑も最近はあまり注目されていないが、実は歴史的に価値があることを知るようにした。特に資料化に取り組んだのが、角倉了以[※46]である。角倉は、安土桃山時代から江戸時代初期の京都の豪商であり、鴨川の整備や高瀬川を作るなど、京都のまちをつくった一人でもある。今回は、丸岡[※47]の銅像を使った実践をもとに、こうした歴史上の人物を教材に生かしながら、資料化を行い、単元を次[※43]のように構成した。

角倉了以像（著者撮影）

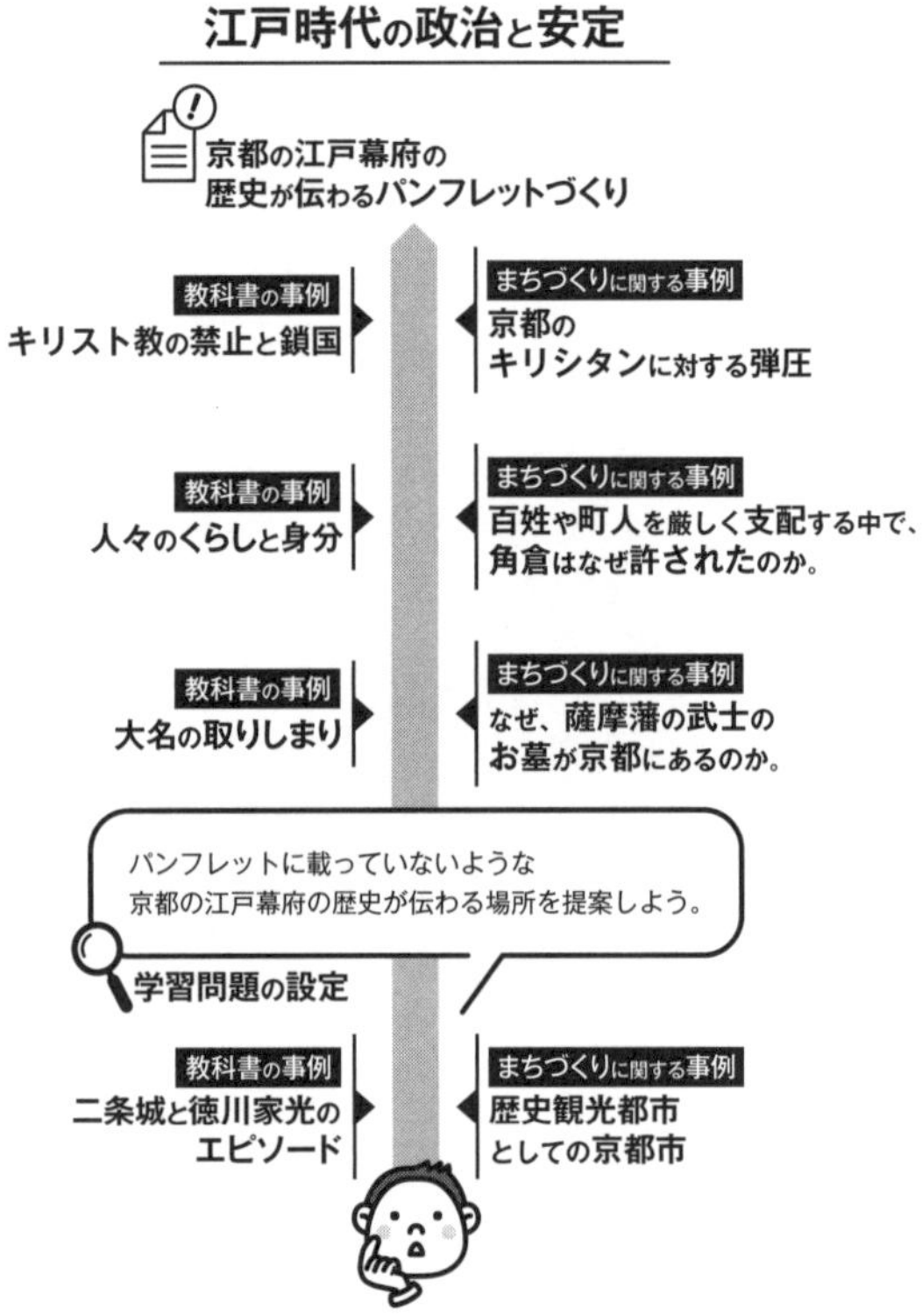

図 4-7　6 年生　「江戸幕府と政治の安定」の単元構成と活動事例

表 4-6　単元設計の展開（教科書を中心とした指導計画との比較）

<table>
<tr><td></td><td colspan="3">平成 27 年度用「新編 新しい社会」
年間指導計画作成資料</td><td colspan="4">まちづくり的社会科の視点による単元設計</td></tr>
<tr><td>目標</td><td colspan="3">■参勤交代や農民統制、鎖国などにかかわる徳川家光の働きや代表的な文化遺産を通して、身分制度が確立して武士による政治が安定したことが分かるとともに、それらにかかわる人物の願いや働き、文化遺産の意味を考えようとする。
■江戸幕府の力の大きさや主な大名の配置の様子などから学習問題を見いだし、文化財、地図や年表、その他の資料を活用して調べたことをまとめるとともに、身分制度が確立して武士による政治が安定したことや、それにかかわる徳川家光の願いや働き、代表的な文化遺産の意味について思考・判断したことを適切に表現する。</td><td colspan="4">■参勤交代や農民統制、鎖国などにかかわる徳川家光の働きや代表的な文化遺産を通して、身分制度が確立して武士による政治が安定したことが分かるとともに、自分たちの身近な地域の取り組みからそれらにかかわる人物の願いや働き、文化遺産の意味を考えようとする。
■江戸幕府の力の大きさや主な大名の配置の様子に加え、自分たちのまちの近くの出来事から学習問題を見いだし、文化財、地図や年表、その他の資料を活用して調べたことをまとめるとともに、身分制度が確立して武士による政治が安定したことや、それにかかわる徳川家光の願いや働き、代表的な文化遺産の意味に対して、自分たちであれば、どこに価値があり、どのようにするべきかを思考・判断したことを適切に表現する。</td></tr>
<tr><td>学習問題</td><td colspan="3">徳川家光は、幕府の力を強め、確かなものをするために、どのような政治を行ったのでしょうか。</td><td colspan="4">徳川家光を中心とする江戸幕府の政治によって、京都ではどのようなことが起こったかを知り、歴史を伝えるまちの文化遺産を観光客に伝えよう。</td></tr>
<tr><td>中心概念</td><td colspan="7">概念的知識　徳川家光を中心とする江戸幕府は、参勤交代や鎖国などを行い、身分制度を確立させて、安定した武士の政治が行われるようになった。</td></tr>
<tr><td>単元計画</td><td>テーマ</td><td>本時の学習課題</td><td>社会的事象（具体的知識）</td><td>用語・語句</td><td>単元計画</td><td>テーマ</td><td>本時の学習課題</td></tr>
<tr><td></td><td></td><td></td><td></td><td></td><td>1</td><td>江戸幕府と大名
該当教科書 p78 ～ 79</td><td>二条城と徳川家光のエピソードから学習問題をつくろう。</td></tr>
<tr><td>1</td><td>江戸幕府と大名
該当教科書 p78 ～ 79</td><td>江戸時代の政治と徳川家光のエピソードについて話し合い、学習問題をつくりましょう。</td><td>江戸幕府は、親藩・譜代・外様の大名の配置を工夫し、大名が逆らえないようにするとともに、武家諸法度を定め、全国の大名を取り締まった。</td><td>・親藩　・譜代
・外様　・武家諸法度</td><td>2</td><td>教科書を読み、予習をする時間</td><td>教科書を使って、この時代、京都以外の社会ではどんなことがおきたかまとめよう。</td></tr>
<tr><td>2</td><td>大名の取り締まり
該当教科書 p80 ～ 81</td><td>幕府は、どのようにして多くの大名を従えていったのでしょう。</td><td>江戸幕府は、参勤交代の制度を定めたり、江戸城の改修や河川の工事を割り当てるなどの負担を負わせることによって、大名を支配した。</td><td>・参勤交代　・関所
・木曽三川の治水（手伝い普請）</td><td>3</td><td>大名の取り締まり
該当教科書 p80 ～ 81</td><td>なぜ，薩摩藩の武士のお墓が京都にあるのだろうか。</td></tr>
<tr><td>3</td><td>人々のくらしと身分
該当教科書 p82 ～ 83</td><td>幕府は、百姓や町人などを、どのようにして支配したのでしょうか。</td><td>江戸幕府は身分制度を整え、百姓や町人を支配するとともに、百姓から確実に年貢を取り立てられるようにした。</td><td>・身分
・城下町
・年貢　・五人組</td><td>4</td><td>人々のくらしと身分
該当教科書 p82 ～ 83</td><td>百姓や町人を厳しく支配する中で角倉了以の活動はなぜ許されたのか。</td></tr>
<tr><td>4</td><td>キリスト教の禁止と鎖国
該当教科書 p84 ～ 85</td><td>幕府は、どのようにしてキリスト教を禁止したのでしょうか。</td><td>江戸幕府は、はじめは外国との貿易を保護していたが、キリスト教の信者が増えてくるとキリスト教を厳しく取り締まり、鎖国を行って外国とのかかわりを制限する一方、海外貿易の利益を独占した。</td><td>・日本町
・島原　・天草一揆
・鎖国　・出島
・絵踏み</td><td>5</td><td>キリスト教の禁止と鎖国
該当教科書 p84 ～ 85</td><td>江戸幕府はなぜ京都のキリシタンに対してそこまで厳しい対応をしたのか。</td></tr>
<tr><td>5</td><td>まとめる
該当教科書 p86 ～ 87</td><td>学習問題について調べてきたことをもとに、家光になったつもりで家康に報告する手紙を書き、最後に家光に意見を伝えよう。</td><td></td><td></td><td>6</td><td>まとめる
該当教科書 p86 ～ 87</td><td>観光客、とくに外国人の観光客にパンフレットに載っていないような京都にある江戸幕府の歴史が伝わる場所をレポートに書こう。</td></tr>
</table>

出所　東京書籍（2017）、長瀬（2019）

3．学習内容を踏まえた「まち」の問題解決のための学習問題をつくる

この単元[※48]は、6年生の二学期初めから授業を行った。そこで、授業の冒頭で一学期の授業びらきで話し合った「歴史を学ぶのはなぜか」というテーマで社会科を学習する意義について確認した。その中で、「社会をよくする」という発言があったことを踏まえ、以前「まちづくり」をテーマに社会科の学習でまちと環境の関わりについて学んだことを振り返り、京都では環境以外にどのような「まちづくり」をしているかを問うた。ある子が「観光を中心とした（まちづくり）」と発言し、そこから「観光まちづくり」をいかして本単元の歴史の学習を始めていくことになった。

まず、3択のクイズ形式で京都市を訪れる観光客の数を考えた。京都市を訪れている観光客は、年間で「約1000万人、3000万人、5000万人のうち、どれか」と質問し、約5000万人だと伝え、それが数年間続いていると教えると、子どもたちは驚いた。その上で、外国人観光客が一番観光する場所は、寺院・神社や名所・旧跡であり、その中で特に人気があるのが二条城であることを知った。

二条城は徳川家光の入城後、約200年以上も将軍の入城がない事実を年表を通して知り、「なぜ、家光以降240年も将軍は京都に来なかったのか」を本時の学習課題とした。予想を出し合い、教科書の親藩・譜代・外様の大名の配置図や教科書の文をもとに学習課題について考えた。

子どもたちは、参勤交代をはじめとする制度やしくみ、大名の配置によって、各藩の力をおさえ、将軍を守ることができるようになったので、京都に来なかったのではないかと発言した。その上で、将軍の代わりに、京都を治めていた京都所司代の場所が、今では幼稚園（元小学校の跡地）になっていることを知った。そしてこれから登場する京都市内の文化遺産は江戸時代の幕府の仕組みがよく分かるが、今では注目されていないものも多くあることに気づき、学習問題を、

家光の政治について学びながら、京都の文化遺産を観光客に伝えよう

とした。京都を訪れる外国人の方を含む観光客を意識しながら、単元終了時に授業で学んだ内容をもとに、観光パンフレットを書くことを目標とした。

4．学習した内容を生かし、自分なりのまちづくりの案を作成、提案する

授業では、まず歴史の大まかな流れを理解することにした。そこで、2時間目の「江戸時代の政治のしくみを大まかにまとめる」では、始めに該当する教科書を音読した。その後、江戸時代の政治のしくみについての重要語句を穴埋めするプリントを使って、

・大名のとりしまり
・百姓のとりしまり
・キリスト教徒のとりしまりと鎖国

の3つの視点から予習するようにした。

これを踏まえて、3時間目の「大名の取り締まり」では、授業の冒頭で参勤交代の制度について学習者にたずねると、

・大名に1年ごとに江戸を行き来すること
・妻子は江戸に人質になること
・藩には多くの出費がかかること

と子どもたちは発言した。その上で、教科書の中で、参勤交代で一番大変な藩はどこかと

二条城と京都周辺　写真：富井義夫／アフロ

尋ねた。子どもたちは、教科書を参考に薩摩藩が参勤交代に40日もかかり、とても大変であることを見つけた。

そこで、伏見区の大黒寺にある平田靱負の墓を紹介した。平田靱負は薩摩藩の家老であるが、その墓は鹿児島県（薩摩藩）や東京都（江戸）にはなく、京都にあることから、「なぜ、薩摩藩の平田さんのお墓が京都にあるのだろうか」を本時の学習課題とした。

まず、薩摩藩の武士のお墓が京都にあるかを予想し、

・京都は御所の近くに領地がある

から。

・参勤交代の宿場町だったから。

・参勤交代で40日もかかる。そのため、途中でなくなってしまい、そのままだと死体が腐ってしまうからではないか。

・何が起きたかは分からないが、京都で何かあったのではないか。

などと発言した。

そこで、資料を読み、調べて分かったことを交流すると、

・味方がいたから京都で埋葬したのではないか。

・幕府の嫌がらせがあったから京都にした。

・工事の途中の切腹だったため、京都にしたのではないか。

といった意見があった。

最後に薩摩藩があった鹿児島県にある歴史資料センター黎明館の学芸員の方にインタビューした内容と京都新聞の記事を読み、工事の後、平田靱負が亡くなったことで、薩摩藩は幕府からの圧力や取りつぶしなどをおそれていたことを知った。江戸幕府が参勤交代や手伝い普請と呼ばれる河川工事で負担を与え、大名を支配したことやその関わりが京都

にも存在することに気づいた。

4時間目の「人々のくらしと身分」では、授業の冒頭で、江戸時代には身分によって人々が構成されていることを確認した。そして、角倉の写真を見せ、この人物（角倉了以）はどの身分に属するかと問い、その理由をノートに書いて発表した。

子どもたちからは、

・苗字があるから武士だと思う。

・服装から立派であり、町人ではないか。

・服装が武士のようだ。

といった発言があった。もっているものは「つえ」か「くわ」で意見が分かれ、「くわ」であると知ると、そうであれば百姓かもしれないと考えた子が出てきた。

その後、教科書で、江戸時代の身分の割合が武士は約7％、町人は5％、百姓は85％であり、百姓には年貢を納め、生活に制限があるなど、自由を規定する厳しさがあったことを知った。そして、もう一度、この人物（角倉了以）はどの身分に属するかを考え、話し合った。

最後に、角倉了以に関する資料を読み、角倉は商人であるため、町人に属し、朱印船貿易で財を得た後、高瀬川をつくるなど、京都を代表する豪商であったことを知った。その上で、なぜ百姓と町人はこうした身分の差があるのかを考え、本時の学習課題を「なぜ、百姓と町人に差をつけようとしたのか」とした。

子どもたちからは、

・税を支払わせないと自分たちが税を取れない。
・(百姓の)人数が多いから税を厳しくしても大丈夫。
・(百姓の)人数が多いから暴れないようにする。
・貿易など自分たちに得なことは許していた。
・一揆をされたらつぶされてしまう。

といった発言があった。

また、こうした「差」があると百姓から不満が生まれることから、さらに差別をされた人々がいたことも学んだ。

5時間目の「キリスト教の禁止と鎖国」では、前時の角倉了以についての学習を振り返りながら、当初は朱印船貿易をはじめ、外国との交易をしていたが、朝鮮やオランダにしぼり、貿易を行ったこと。そしてその場所も長崎の出島に限るなど、鎖国の体制を取ったことを教科書を使いながら理解した。そして、なぜオランダを貿易相手国にしたかというところからキリスト教の禁止や天草の一揆についても知った。その上で、京都でも、長崎のように、キリスト教の取り締まりは行われたのかについて予想をした。子どもたちからは、

・京都には多くの寺や神社があるためそうしたことはなかった。
・京都には多くの寺や神社があったからこそ、そうした取り締まりはあったのではないか。
・仏教を信じる人が多いからなかった。

といった発言があった。

資料を通して、京都でも弾圧を受け、火刑にされるなど、多くの犠牲者が出た場所であったことを知り、子どもたちは、もともと京都は織田信長の時代に南蛮寺が多く建てられたことで、キリスト教は盛んであったことも関係しているのではと考えた。九州での弾圧だけではなく、自分たちの身近な場所でもそうしたことが行われていた事実を知り、そ

のことを教えてくれる文化遺産が今でも残っていることに気づいた。

こうした学習を踏まえ、6時間目は、「歴史学習を活かした観光まちづくり提案」を書くことになった。授業の冒頭で、京都市は観光のまちづくりに力を入れ、年間約5000万人の観光客が訪れる所になっていること。その中で、観光客が一番観光するのは、寺院・神社や名所・旧跡であることを振り返った。その上で、祇園祭のように今でもまちづくりの一部となっているものがある一方で、授業で扱ってきたように、歴史的価値がありながら、忘れ去られたような状態になり、授業で学習しなかったら知らない場所も多くあったことに気づいた。

そこで、授業で学習した江戸幕府の政治を伝える京都の文化遺産や京都の歴史をより多くの人に知ってもらうにはどのようにすればよいかを考えるために、「二条城と京都所司代跡地」「伏見区の薩摩藩邸と大黒寺」「角倉了以像」「元和キリシタン殉教の地碑」の写真の中からいくつか選び、観光パンフレットという形でまとめた。

5. まちづくり提案の難しさ

それまでの5時間で活用した教科書資料と地域教材の資料を参考に観光パンフレットを作成した。

「環境を守る京都」の提案書と今回の提案書を、

(1)「まちづくり」の視点に立ち、自分たちのまちの環境や文化遺産の利点や価値を認識しているか。
(2)自分たちのまちをさらによりよくするための提案をしているか。

の二点で評価分析してみた（次頁を参照）。環境に関わる学習（以後、環境学習）では、京都のまちづくりにおける環境改善の提案。歴史的分野の学習（以後、歴史学習）では、新しい観光資源としてのPRをしているかの視点で分析した。例えば、環境学習では「鴨川のよさを伝え(1)、さらによりよくするための提案(2)」があるものかどうか。歴史学習では「あまり注目されていないが、キリスト教殉教の碑があり(1)、それらをさらに伝えるための紹介(2)」が出来ているかどうかといった具合にそれぞれを分析した。なお、対象者は同一ではなく、昨年とは異なる子どもの方が多いので、あくまで参考として考えて頂きたい。

歴史学習の場合は、なかなか学習者にまちの価値の理解や提案するといった認識が深まらなかった。子どもたちの振り返りを読んでいても、歴史に対するコメントは多かったが、まちづくりに対するコメントは少なかった。

そのため、やはり、観光課の方をお呼びして授業を進めるなど、歴史を生かして問題解決に取り組む方との場を設定することの重要性も考えた。また、環境より歴史の方がまちづくり提案をする難しさもあったと考えられる。

ただし、自分たちのまちを通して歴史を学ぶというチャレンジはとても面白く、私自身が京都のまちの違った一面を知る事ができた実践であった。

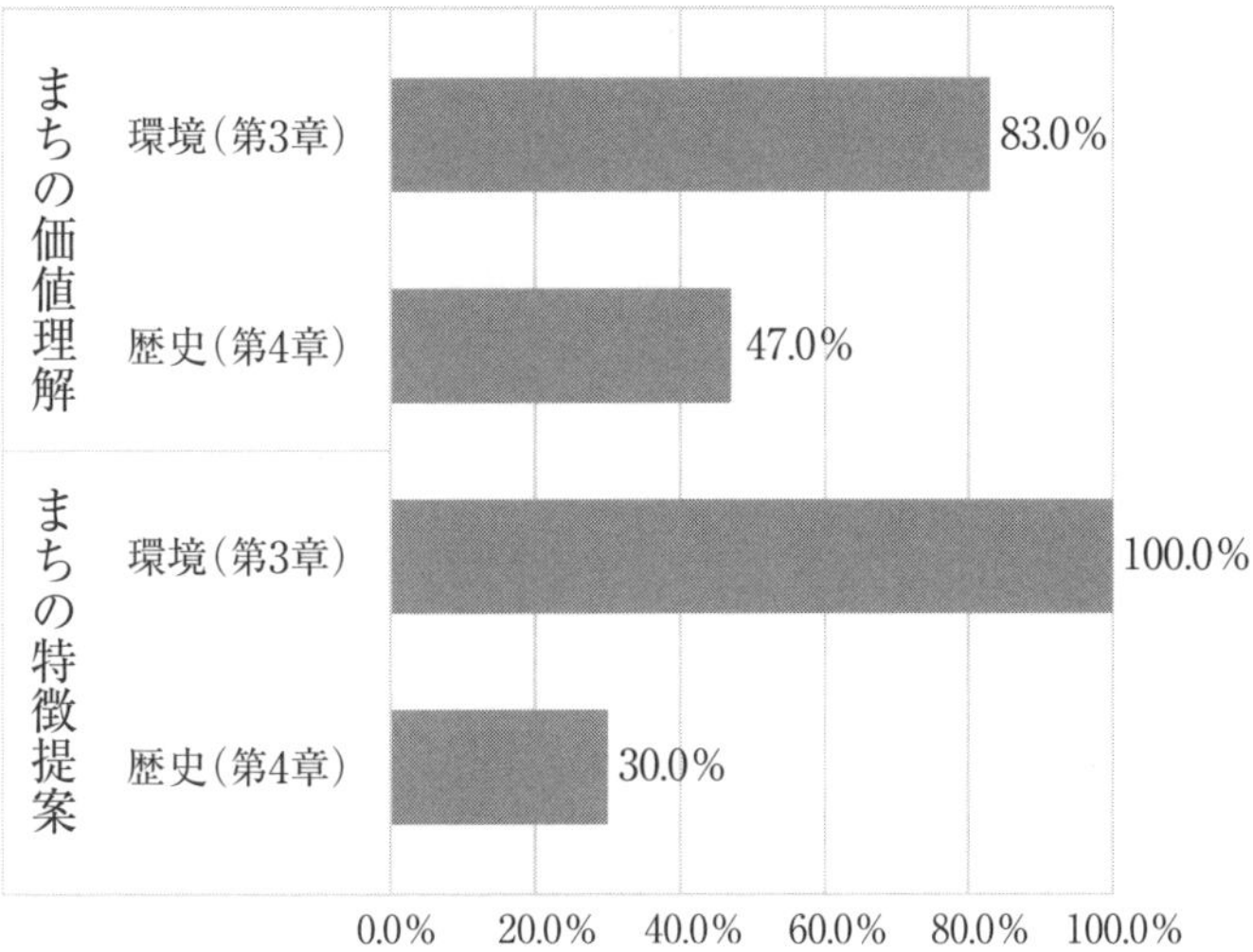

図 4-8　学習者の評価物の分析結果
出所　長瀬（2019）

元和キリシタン殉教の地碑　（著者撮影）

四、自分たちのまちの未来を考え、一票を投じる

6年生「君も今日から政治家だ！市長選挙に立候補！（私たちの願いを実現する政治）」の実践

1. 小学校社会科学習の集大成として

この実践は、まちづくり的社会科の枠組みを考える以前に行われたものである。しかし、自分たちのまちについて考え、模擬投票として一票を投じることは、子どもたちのまちづくりへの意識を高め、社会への関心を強くすることができた。小学校社会科の集大成としてこれまで何度か行ってきた実践でもある。

2. 「君も今日から政治家だ！市長選挙に立候補！」の取り組みについて

この実践の背景として、小学校における主権者意識を高めたいというねらいもあった。主権者教育とは、総務省[※49]によれば、「社会の出来事を自ら考え、判断し、主体的に行動す

る主権者を育てることにある」とする。吉村[※50]は小学校における主権者教育について、資質・能力の基盤として考えられるものとして、「自己決定」「公共」そして「主権者意識」を挙げている。「主権者意識」とは、「当事者意識」と言い換えることができるとし、「『自己決定』の考え方をより能動的・主体的にする、主権者としての資質・能力の基盤ともなるべきもの」としている。

主権者としての政治への関心や意識を高め、選挙に対して主体的に向き合うためには、投票可能な18歳の年齢に近い高等学校において「公共」をはじめとした公民の学習で展開することは必要である。ただ、そうした「公共」の単元開発につなげていくためにも、地域課題を中心とした政治を通して社会のあり方や関わり方に関心をもち、自分の考えをまとめることは、小学校の段階から重要である。

小学校の政治内容に関わる学習における問題意識として、桑原ら[※51]は、

① 態度や行動の形成に結びつかない従来の有権者教育プログラム
② 政治教育の一貫性の欠如
③ 子どもの発達段階への配慮の欠如
④ 有権者教育の改善を求める時代的・社会的要請

の4点を指摘している。

桑原[※51]らが指摘するように、「制度や憲法に対する基礎的知識を身につけているものの、現実の社会問題について思考したり判断したりすることができない」ことが問題である。つまり、現実の社会問題や自分たちの生活と学習内容である政治の学習をつなげることが必要である。そうした中で、桑原[※52]は、まちづくりを通して「参加者同士の議論を中心として問題解決に取り組ませるワークショップ型の主権者教育プログラム」の開発に取り組んだ。また、中[※53]は、大学生と京都市右京区の選挙管理委員会と協力して、小学生対象に選挙劇や模擬投票、グループワークを取り入れた実践を展開し、その結果を調査した。そこでは、模擬投票のみならず、課題に対して小学生が話し合い、保護者に伝える取り組みも行った。

本単元では、学習指導要領の目標に照らし、まちづくりの視点を取り入れた社会科の単元構成を設定している。つまり、自分たちのまちの問題や課題はどのようなものがあるかといった問題意識を大切にし、市や町の行政や国とのつながりや税の仕組みを学びながら、政治的な課題はどのようなものがあるかを考える。その上で教科書の事例を参考に、自分たちのまちの問題を解決するためのアイデアを考える。さらに、学習者が考えた様々な解決策の中で、順序立てて政策を実施していくためには、選挙の必要があることを知り、立会演説会で自分たちの考えた政策を伝え、模擬市長選挙を実施する。

3. 単元の構成と模擬投票の枠組みについて

「私たちの願いを実現する政治」の単元では、「君も今日から政治家だ！市長選挙に立候補！」というテーマで学習を進めていく。単元の前半は、学習者の生活や興味・関心につなげながら、教科書内容の理解を深めることを目的とした。後半は学習者が「中津川市をよりよくするには」というテーマに、自分たちが興味のある政策ごとにチームをつくる。その上で、自分たちが住む中津川市の将来を構想し、単元のまとめとして市長を選ぶ選挙を行う。立ち合い演説会や選挙活動を行い、最後は中津川市選挙管理委員会の協力のもと、実際に模擬投票を行う。この投票は、記載台、投票用紙、投票箱も実際に中津川市の選挙管理委員会に用意してもらい、実際の選挙の雰囲気をできるだけ出せるように工夫した。

また、こうした模擬選挙をする場合、課題となるのが投票方法である。当該の学習者のみでグループをつくり、そのまま投票を行なうと自分のチームに投票するので、投票結果が変化しない。そのため、立会演説会や政策を訴えていく中で、投票結果が異なる結果になるように、次の投票シミュレーションの枠組みを考えた。

表 4-7　模擬投票の枠組み

	投票対象	投票方法	利点	課題
A	当該の学級の学習者のみ。	自分たちのチーム（党や候補者）に投票する。 （投票制限なし）	自分が一番よいと考えるチームに投票することができる。	当該の学級の学習者が自分のチームに投票するため、投票結果に差がでない。
B	当該の学級の学習者のみ。	自分たちのチーム（党や候補者）以外に投票する。 （投票制限あり）	自分のチーム以外に投票するので，投票結果に差が出る。	自分のチームに投票できなくなるので、実際の選挙とは異なる状況になる。自分のチームの政策を訴えておいて自分のチームに入れられない。
C	当該の学級の学習者のみ。	選ばれた数チームに投票する。 （投票制限あり）	いくつかのチームに投票するので結果に差が出る。	実際の選挙とは異なる状況になる。選ばれないチームは、自分のチームの政策を訴えておいて自分のチームに入れられない可能性がある。
D	当該の学級の学習者に他の学級の学習者を加える。	自分たちのチーム（党や候補者）に投票する。他のクラスは自分が応援するチームに投票する。 （投票制限なし）	自分が一番よいと考えるチームに投票することができる。	自分のチームに投票することができ、他のクラスの学習者の票も入るので、投票結果が開票まで分からないが、他の学級との学習内容に差が生まれる場合や時間の確保や調整が必要になる。
E	当該の学級の学習者に他学年の学習者を加える。	自分たちのチーム（党や候補者）に投票する。他の学年は自分が応援するチームに投票する。 （投票制限なし）	自分が一番よいと考えるチームに投票することができる。	自分のチームに投票することができ、他のクラスの学習者の票も入るので、投票結果が開票まで分からないが、他の学年の授業時間の確保や調整が必要になる。
F	当該の学級の学習者に保護者や地域の方を加える。	自分たちのチーム（党や候補者）に投票する。地域や保護者の方は自分が応援するチームに投票する。（投票制限なし）	自分が一番よいと考えるチームに投票することができる。	自分が応援するチームに投票することができ、他のクラスの学習者の票も入るので、投票結果が開票まで分からないが、保護者や地域の方への告知や調整が必要になる。

実践した学級は、単学級のため、本単元では、投票対象を当該の学級の学習者に他学年の学習者を加える形（E）で取り組むことにした。そこで、5年生に総合的な学習の時間を使って立会演説会から参加してもらい、有権者として投票に参加する形をとった。

今回の模擬投票は、Eの枠組みで投票を行うことにし、単元構成をイメージすると、次のようになる。

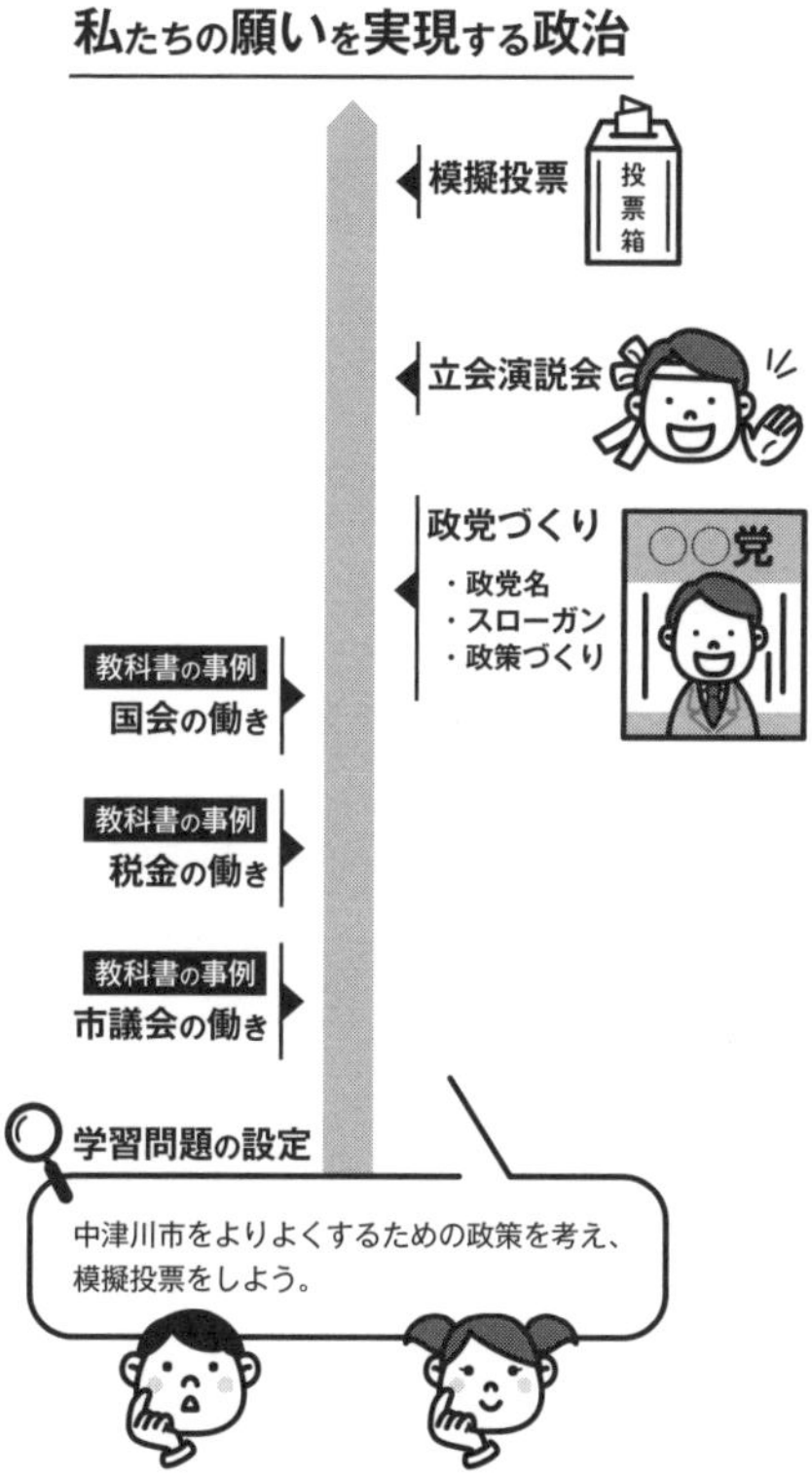

図4-9　6年生「君も今日から政治家だ！市長選挙に立候補！」の単元構成と活動事例

表4-8　6年生　「君も今日から政治家だ！市長選挙に立候補！」の授業実践の記録（2014年と2015年）

<table>
<tr><th></th><th>2014年1月実施の単元構成と学習活動</th><th>2015年1月実施の単元構成と学習活動</th></tr>
<tr><td>1</td><td>「政治」の意味を知る。
単元の導入では、将来、中津川市に東京と名古屋を結ぶリニアの駅が開通することをきっかけにし、住んでいる地区がどのように発展するか考えることで、政治について理解を深めるようにした。また、政治とは何かについてその意味を辞書で引いた言葉を参考に理解させることを大切にした。</td><td>「政治」の意味を知る。
学習者である6年生は、昨年度に模擬投票をしたことを覚えていて、単元の最後には実際に模擬投票をすることを前提で学習に取り組んだ。単元の導入では、政治の意味を辞書でひきながら、将来、中津川市に東京と名古屋を結ぶリニアの駅が開通することをきっかけにし、住んでいる地区がどのように発展するか考えることで、政治について理解を深めるようにした。</td></tr>
<tr><td>2</td><td>市議会の働きを知る。
市をよりよくするためにはどうすればよいのかについて、市民の願いや提案を実現する場所としての市役所、議会の仕組みを学んだ。</td><td>市議会の働きを知る。
市をよりよくするためにはどうすればよいのかについて、市民の願いや提案し、実現する場所としての市役所、議会の仕組みを学んだ。</td></tr>
<tr><td>3</td><td>税金の働きをする。
実現のための税金について中津川市の財政をあげながら、税金の働きについて学んだ。</td><td>税金の働きをする。
前年度の模擬投票の際に税収を意識せずまちの開発政策を考えることがあったので、中津川市の財政の厳しさや公約を実現するには税収を高める必要を強調した。</td></tr>
<tr><td>4</td><td>国会の働きについて知る。
中津川市だけで実現できない点から国の在り方、国会や内閣、裁判の役割について学んだ。</td><td>国会の働きについて知る。
中津川市だけで実現できない点から国の在り方、国会や内閣、裁判の役割について学んだ。</td></tr>
<tr><td>5</td><td colspan="2" rowspan="3">市をよりよくするための政策を考え、チーム（政党）をつくる。
「２０ＸＸ年、みなさんは、中津川市の市長さんを決めることになりました。いよいよリニアが走る中津川市にふさわしい市長さんを決めます。ぜひ、Ｘ地区、そして中津川市をよくするために市長選に立候補しましょう。」というシミュレーションを行うことを提示し、
「４つのグループが政党をつくり、選挙をおこないます。すすめ方は以下の通りです。
1．アンケートをします（今日）。
2．アンケートをもとにメンバーを決めます。
3．政党名・スローガンを決めます。
4．政策（当選したらこんなことをします）を決めます。
①加子母地区にとってよい政策を一つ考えます。
②中津川市にとってよい政策（４つ）。
とし、以下の</td></tr>
<tr><td>6</td></tr>
<tr><td>7</td></tr>
</table>

	・生活（市民のくらしをよくするには？中津川市に大勢の人が来るために？） ・教育（どんな学校にしていきたい？） ・福祉（保育園や働くお母さんのための子どもたちをどうする？） ・健康（高齢者が増えていく・・・どうしたらいいだろうか？） ・農業（加子母地区のトマトの未来は？農業は？） ・環境（リニアが走る中、中津川市の環境を考えよう） ・土木（道や橋をどうする？） ・産業（大きな店や映画館などの誘致、リニアが通る町にふさわしい市にするには） ・観光（観光客が来て中津川市がもりあがり、お金がたくさん入るには） から選び、そこから似ている項目を選んだ児童同士のグループをつくり、「政党」とした。また、2015年は「③お金をどのように集めるかを考えてください。（税金を増やす？国から借りる？借金をする？市民を増やして税金が集まるようにする？）」とし、税金に意識して政策を考えるようにした。 政策、政党名、候補者を考え、立会演説会に向けて準備をする。 　チームごとに分かれたら、政党名を決め、政策を考えた。「政策を実現でき、みんながよく知っている人を選ぼう」と促し、著名人に政党から市長選へ立候補をお願いするという形で、架空の候補者を設定し、ポスターを作成した。政策は、模造紙に大きく書き、立会演説会で5年生に説明をできるように準備をする。立会演説会では、候補者の代理として発表をするという形で取り組んだ。
8	立会演説会をする ポスターや政策集ができたら、互いの政策や訴えをする立会演説会を行う。立会演説会には5年生も参加した。自分たちの政策を伝えるだけではなく、他の党の政策についても質問をしたり、答えたりする。2014年は5年生からどのように財源を集めるのかについて質問が多くあった。
9	模擬投票をする 市の選挙管理委員の方にお願いをして、実際の選挙で使う投票箱や記入台を用意して頂いた。また、選挙管理委員の方から、無記名で投票は秘密となっていることや投票の仕方、若い人の選挙率の低さなどついて話して頂いた。

本物の投票箱、記載台使用

1票の重み実感

加子母小児童が模擬投票

選挙の意義を学んでもらおうと、中津川市加子母の加子母小学校で、実際の投票箱や記載台を使った模擬投票の体験学習が行われ、5、6年生が1票の重みを実感した。

若者の投票率の低さなどが叫ばれる中、選挙の重要性を学ぶと同時に、地域のことを主体的に考える力を身に付けてもらおうと、同校の長瀬拓也教諭が企画。市選挙管理委員会の協力で実際の選挙と同じように模擬投票を実施した。

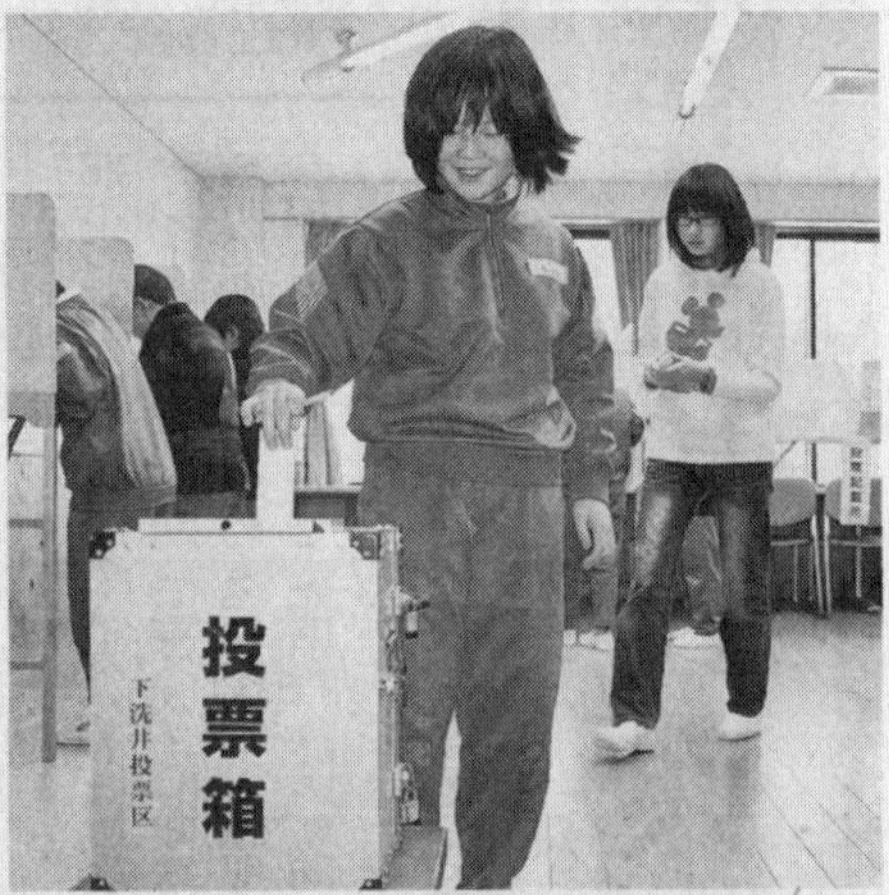

市長選の模擬投票を行う児童＝中津川市加子母、加子母小学校

選挙は架空の候補者を立てた市長選。6年生26人が支援者となり、公示日の23日から四つの政党ごとに自分たちで考えた公約などを有権者の5年生23人に訴えてきた。

投票では、児童と教職員計49人が、選管事務局職員の案内に従って投票記載書用紙に記入し投票。6年の桂川乃絵子さんは「初めての選挙は緊張。自分が応援した党に勝ってもらいたい」と話した。

児童らが見守る中、開票では候補者2人が15票で同票。くじ引きによって「木の旅館を作り、郷土料理で観光客をもてなす」などの公約を掲げた「じぇじぇ党」の候補者が当選。支援者を務めた児童には涙を浮かべる姿もあり、模擬投票ながら白熱した選挙戦を体験した。

（古川賀央里）

提供　岐阜新聞　2014年2月2日朝刊

5. 授業を通した子どもたちの変容

子どもたちは次のような政策を考えた。

表 4-9　2014 年に学習者が作成した政党名、候補者名、政策

政党名（候補者名） ・加子母地区の政策	・中津川市の政策
ありが党（岡田准一） ・公共事業やお年寄りなどと協力できる地区にする。	(項目不明)：環境維持をしながら、公共事業を行う。 (項目不明)：市民同士助け合って生活できる市にする。 (項目不明)：イメージアップするために防犯や環境に気をつける。 (項目不明)：子どもからお年寄りまで安全に過ごせる場所を増やす。
おもてなし党（滝川クリステル） (不明)	環境：リニアが走ってもこれ以上の自然破壊をしない。 観光：きれいな自然でおもてなし。 教育：自然にやさしい学校をつくる。 健康：お年寄りが住みやすい市にする。
夢の党（堺雅人） ・少し都会らしくする。	農業：土地を探して田んぼを増やす。 観光：ごみのポイ捨ては罰金。 福祉：今ある老人ホームを広くする。 観光：観光ガイドブックをつくる。
じぇじぇ党（福士蒼汰）	(項目不明)：ゴミを削減、緑を守る。 (項目不明)：木の旅館を作り、中津川市の郷土料理で観光客をもてなす。 (項目不明)：特産物のトマトや飛彈牛などを大切にする。 (項目不明)：お年寄りの暮らしやすい設備を作る。

表 4-10　2015 年に学習者が作成した政党名、候補者名、政策

政党名（候補者名） ・加子母地区の政策	・中津川市の政策
しあわせ党（佐野岳） ・(不明)	福祉：中津川市民の暮らしを平等にする。 教育：観光施設を増やし、人をたくさん呼ぶ。 観光：最先端の技術を取り入れ、病院を強化。 環境：たくさん人々をよび、にぎやかな中津川市に。 ※消費税 5%にし、観光に力を入れ、お金を集める。
キュー党（木部さん） ・いらなくなった木などを教育関係の施設に使う。	福祉：ユニバーサルデザインを増やし、高齢者を大切にする。 教育：妊娠をした夫婦が加子母地区に来たら一軒家（の家賃）を半額にする。 観光：リニアなどでたくさんの人を呼び、人をたくさん集める。 環境：中津川市に来た人がいやな思いをしないようにごみを拾う。 ※バスツアーをし、いらなくなった木を加工し売る。募金。
笑顔の党（二宮和也） ・若い人を呼びこんで，みんなで文化を大事にする。	環境：環境をよくするためのポスター、ボランティアをつくる。 福祉：若い人が福祉のために働ける場所を増やす。 観光：観光スポットの手入れに力を入れる。 教育：地域の文化を地域の人に教えてもらう日をつくる。 ※募金、税金
スター党（要潤） ・人口を増やすために施設を作る。	生活：観光大使に有名人を任命。 観光：中津川市を楽しい場所にする。 環境：自然や加子母地区の自慢などを残し、きれいで住みやすい場所にする。 産業：産業をさかんにして楽しめる場所にする。 ＊国からお金を借りて施設を増やし、たまってきたら効率よく返す。

表4-11　昨年と比べて、中津川市や政治に対する考え方は変わりましたか。

とてもかわった	かわった	あまりかわらなかった
6	15	2
・自分で政策を考えた。 ・選挙学習を通して、政治についての意識が変わったから。 ・中津川市を楽しくしてほしいから。（今が楽しくないわけではない） ・もっといい中津川市になってほしい。 ・どういうのが政治とか国会であるかくわしく分かったからです。 ・自分たちで考えたから。	・政治や選挙についてくわしく知れたから。 ・この学習をしたから。 ・自分が政策などを考えたから。 ・やる側になり、政治は大切だと思った。 ・税金の大切さを知ったから。 ・選挙管理委員会のお話を聞いて「大人になって選挙に行かないと」と思ったから。 ・自分が色々政策をしたから。 ・自分たちで考えたりしたから。 ・最初は関係ないと思っていたけど、学習を通して選挙とか積極的に参加した方がいいなと思った。 ・自分たちで立会演説会とかしたから。 ・自分たちで政策などを考えたから。 ・変わったなと思ったからです。 ・いい感じに変えたいと思ってしまったから。 ・今年は自分たちで考えた。 ・若い人が選挙にいってないとなんでダメかわかったから。	・中津川市がどんな政治をしているかあまり知らないから。 ・昨年と同じだったから。

（著者作成）

立会演説会には5年生も参加した。5年生から鋭い質問が出ると、6年生はなかなか答えに苦しむ場面もあり、それがより場の雰囲気を高めるものになった。模擬投票では、投開票の後、結果が出て、うれし泣きする子もいた。

2015年の6年生に「昨年と比べて中津川市や政治に対する考えは変わりましたか」とたずねた所、上のように子どもたちは答えている。

6年生での学習終了後、ある子は、市の選挙管理委員会の方に向けた手紙で次のように記述している。

今回は、私たちに選挙のことを教えてくれたり、実際に投票させてくださり、ありがとうございました。私は今まで選挙は行っても行かなくてもかわらないし、どうせ子供だから関係ないと思っていました。でも、社会で選挙の学習をして、若い人が全然行っていないことが分かりました。でも選挙は私たちが払う税金の使い道を決める人を選ぶためのものであって、「子供たちだから」とか言って関係ないと思ってはいけないものだと分かりました。大人になってから、この学習をしたことを忘れて、「私一人の一票で何がかわる?」とか思ってしまわないように、今回の学習を思い出して、大人になってからも選挙に行けるようにしたいです。20代、30代の人たちが、もっと選挙に行って、お年よりだけが喜ぶ社会じゃなく、だれもがうれしい、喜ぶ社会になるために、選挙には行ったほうがいいと思いました。選挙のことがわかってよかったです。ありがとうございました。

質問紙調査の結果を見ていると、投票のみで終わるのではなく、自分たちがまちづくりの政策を考え、呼びかけることによって、「最初は関係ないと思っていたけど、学習を通して選挙とか積極的に参加した方がいいなと思った」「もっといい中津川市になってほしい」と答えるなど、より主体的に学習活動に取り組み、中津川市や政治に対する考え方を変えることが可能になった。

また、5年生の時は投票することの新鮮さや緊張を感じていたが、6年生になると、「選挙に出る人の気持ちや立ち合い演説などを聞いて投票する人の気持ち、選び方も分かりました」と振り返りで書いていた子がいた。立候補者側や投票者の側など、それぞれの立場になって考えることができるようになったことが伺える。さらに、「20歳（当時は18歳選挙制度は施行前）になったら選挙に行きますか」と聞くと、5年生の頃は、「だれかの一票がないと」というように「だれか」と他人の視点で書いているが、6年生になると、投票に行きたいという思いは高まり、「自分たちにとっても」と当事者意識をもち、選挙は必要であるという認識を深めた子もいた。また、市の選挙管理委員会の方への手紙の中で「だれもがうれしい、喜ぶ社会になるために、選挙には行ったほうがいいと思いました。」と目指すべき社会のあり方に対しても思いを綴っている子もいた。

一方、課題として「昨年と比べて中津川市や政治に対する考えは変わりましたか」という質問紙調査において、立会演説会や政策づくりによって、政治への関心や意識が変わらなかったと述べる子もいた。その子は、意識が高まらなかった理由として、「市政についてあまり知らない」と挙げていた。そのため、市役所の都市計画課の方やＮＰＯでまちづくりに取り組んでいる方と一緒に政策づくりをしたり、助言をもらったりすることも検討すると、より実現が可能な政策をつくることができ、意欲や実感を高めることができると考える。

第五章

社会科授業の土台づくり

一、自分のまちで比較する

3・4学年の社会科は、自分たちの身近な地域を題材に学ぶ。学習指導要領の改訂に伴い、以前の教科書は「3・4学年」という括りだったが、2020年以降は、3年生、4年生とそれぞれ分けた学習内容になっている。鎌田[※54]が学習指導要領の内容と枠組みをもとに構成した「社会科の概観」を参考にすると、「生産・販売の仕事」「安全を守る働き」「県内の伝統文化・先人の働き」といった地域から学ぶ学習は、その後の社会科を学ぶ上での土台となる。特に、防災に関して言えば、3年生で市町村、4年生で都道府県、5年生で国というように一貫して指導していくようになった。

3年生に関して言えば、身近な地域の学習から市町村へと学習内容に広がりをもつようになったことが特徴的である。また、4年生も、防災で国との関わりや国際交流の視点も入っている。

そのため、「まち」から学ぶという視点からは一歩後退しているとも言え、鎌田[※54]も「事

表 5-1 「学習指導要領改訂のポイントをふまえた新教科書の特徴」

ポイント	3年生	4年生
1	中学年が第3学年、第4学年と分けて示されるようになった。	
2	身近な地域や市町村の様子の学習は市区町村に重点がかかった。	県（都、道、府）の様子の学習内容が、自分たちの県の地理的環境の概要と、47都道府県の名称と位置の2つに分割された。
3	地域の安全を守る働き（警察や消防など）が第3学年に位置づけられ、火災か事故に重点をかけることになった。	ごみの減量や水を汚さない工夫など自分たちができることを選択・判断したりできるように求められている。
4	道具の変化を通じてくらしの移り変わりを学ぶことから市の様子の移り変わりへ。	4年生での防災の学習の重点は都道府県単位での取り組みと国・自衛隊との関連。
5	他地域・外国とのつながりを学ぶため地図帳が第3学年から配布される。	県内の文化財や年中行事の学習は4年に位置づけられ、先人の働きに関する内容に「医療」が加わった。
6		県内の特色ある地域の学習に伝統や文化などの地域資源を生かすこと、国際交流に取り組んでいる地域が入った。

出所　鎌田（2020）p26-30、p48-51 をもとに著者作成

情はともあれ、市区町村に重点にとはいいつつも、校区のような身近な地域の学習はおそろかにできないと考えている先生は多いことだと思いますし、私もそう考えます」とし、身近な地域の校区を歩くこと、そしてそこから、土地の起伏を体感したり、土地の利用を実感したりすることで、社会科学習によって地域を再発見し、その意味や役割を理解することも多いと述べている。

その上で、そうした教科書の変更を活かしつつ、逆に、自分たちの「まち」をベースに社会的事象を見つめることを可能にできないかと考えている。

つまり、社会的な見方・考え方をもつ場面で自分たちの「まち」を視点にすることでより学びやすくなるのではないだろうか。２０２０年度施行の学習指導要領では、「見方・考え方」が大きなキーワードとなった。学習指導要領[※55]が示す「社会的事象の見方・考え方」は中学校でのそれぞれの分野での見方・考え方の土台となるものである。

キーワードとなるのが、

・比較する　・分類する　・総合する　・関連付ける

である。

こうした見方・考え方を「まち」という身近な視点で考えることで、「自分たちのまちのスーパーマーケットと教科書に載っているスーパーマーケットを比較する」というように、「まち」の存在を意識することで見方や考え方は深くなるのではないだろうか。

こうした「まち」の存在を意識した見方・考え方の醸成は、高学年でのまちづくりの視点を生かした問題意識の捉えや改善点の考察につながっていく。

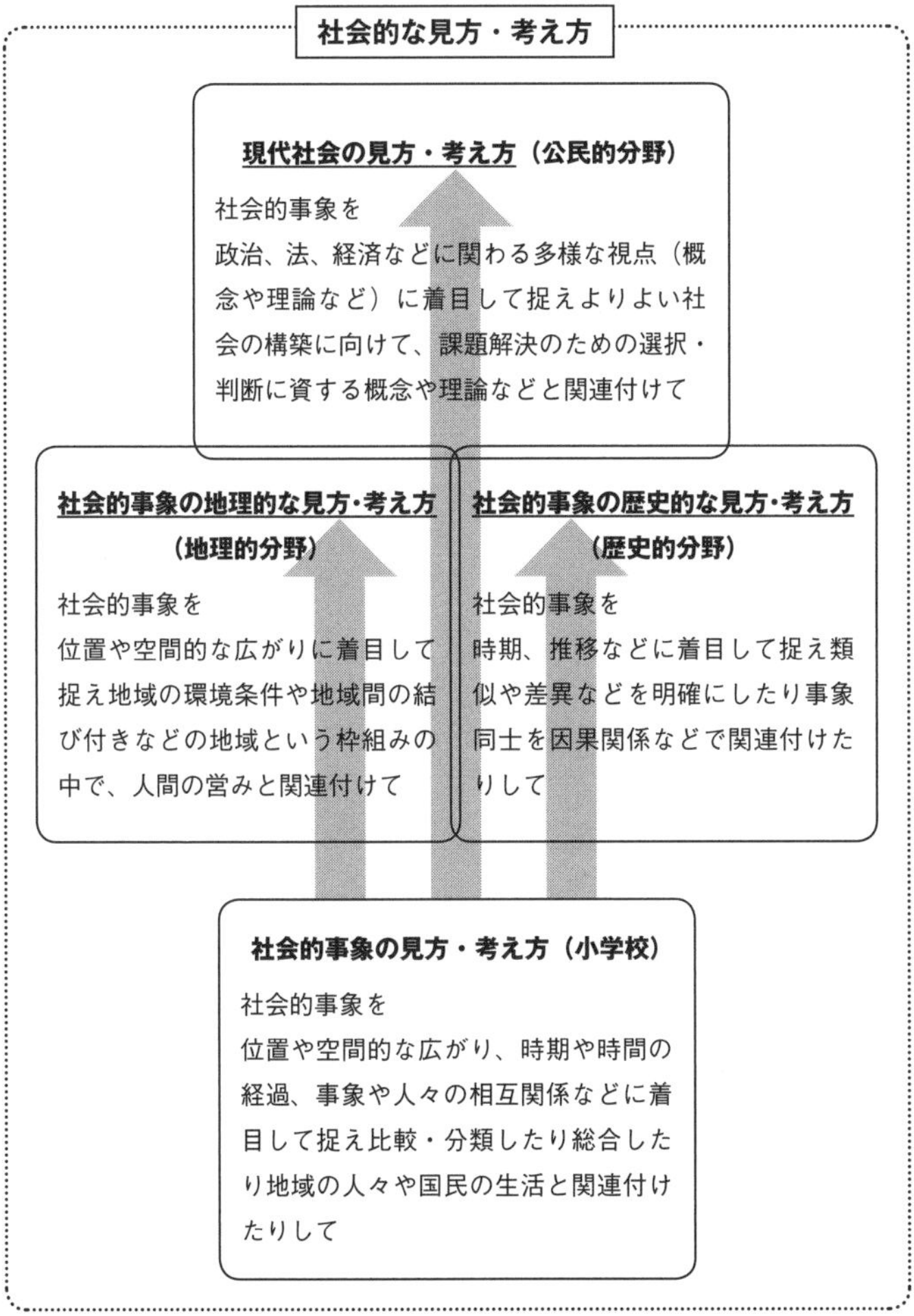
社会的な見方・考え方
現代社会の見方・考え方（公民的分野）
社会的事象を
政治、法、経済などに関わる多様な視点（概念や理論など）に着目して捉えよりよい社会の構築に向けて、課題解決のための選択・判断に資する概念や理論などと関連付けて
社会的事象の地理的な見方・考え方
（地理的分野）
社会的事象を
位置や空間的な広がりに着目して捉え地域の環境条件や地域間の結び付きなどの地域という枠組みの中で、人間の営みと関連付けて
社会的事象の歴史的な見方・考え方
（歴史的分野）
社会的事象を
時期、推移などに着目して捉え類似や差異などを明確にしたり事象同士を因果関係などで関連付けたりして
社会的事象の見方・考え方（小学校）
社会的事象を
位置や空間的な広がり、時期や時間の経過、事象や人々の相互関係などに着目して捉え比較・分類したり総合したり地域の人々や国民の生活と関連付けたりして

図 5-1 「社会的な見方・考え方」
出所　文部科学省 小学校学習指導要領解説（2017）p19

二、授業びらきで「まちを育てよう」という提案を

3年生は、初めて社会科を学ぶ学年である。そのため、子どもたちも少なからず興味や関心を抱いている。そうした前向きな気持ちを生かし、授業をつくっていきたい。

授業びらきでは、

「社会ってどういう意味?」

「社会科でどんなことを学ぶの?」

と聞くところから始めたい。

教科書の目次をみると、

・市のようすやうつりかわり

・工場やお店ではたらく人

・火事や事故からまもる

といった学習内容を見つけることができる。そこから、3年生で学ぶ内容も明らかにな

る。

そして、

「なぜ、こうしたことを学ぶの」

と聞いてみたいものである。教科書の目次には、その他にも社会科の学び方も書かれている場合があるので、授業びらきにとても役立つ。

その上で、社会科を学んで、自分たちが住んでいる「まち」をよりよいものにしていこうと促し、どんなまちにしたいかを話し合いたい。子どもたちがもつ「こんなまちにしたい」を形にする、または形にする力をつけるのが社会科であると私は考えている。

こうした話し合いを通して、さまざまな意見が広がっていきながら最初の単元に入っていくとよいだろう。

三、総合的な学習の時間とリンクさせながら

いわゆる校区をめぐるような時間は減る中であっても、自分たちの「まち」を様々な視

点から見ておくことは、社会科を学ぶ上でとても重要である。そこで、総合的な学習の時間も使いながら、「まち探検」をしていきたいものである。

一方、様々な校区や学校の事情もあるだろう。2020年から新型コロナウイルスに見舞われ、学校にすら通えないこともあった。そうした時は、GoogleEarthをはじめとした、地図アプリを活用することもよい方法だと考える。

しかしながら、実際に外に出て方位を確認するなど、体を使って感じることはとても大切なことである。短い時間でもよいので、外で学ぶ機会を増やしていきたいものである。

四、都道府県の学習は県のマークを使っても面白い

都道府県の学習の導入でよく扱っているのが、都道府県のマーク、いわゆる県章※56である。県章は、一部の自治体では、紋章や徽章と呼ばれているものや石川県のように制定していないところもある（石川県では、「石川県旗の標章使用取扱い要領」により代わりに県旗を用いる）。戦前に県民からの応募で決められたものもある。

図 5-2　各都道府県の章
出所　各都道府県ホームページ

例えば、岐阜県の県章は、「岐阜県の『岐』をもとにして作ったマークです。まわりを丸くかこんであるのは平和と円満をあらわしています。」(岐阜県ホームページ)とあるように、文字をイメージ化している。こうした県章は多く、長崎県は「N」、熊本県は、「ク」から発想を得ている。また、静岡県は富士山、富山県は立山を表しているように、自治体の地形をイメージ化したものもある。

導入で次のような授業もできるだろう。（実際に取り組んだ授業を元に再構成している）

T：これはなんでしょう。

C：何やこれ。見たことがある。

C：何かのマークや。これ、きっと。

C：大阪府のマークやと思う。

C：そうそう、よく見る。

T：そう、これは、大阪府を表すマーク。府章と呼ばれています。

T：では、このマークは何を表しているでしょう。

C：先生、ヒントちょうだい。

T：ヒントはローマ字です。

C：えー、わからへん。

T：ABCDEF…

C：Oや！大阪のOやろ？

T：そう、正解。大阪のOを表しています。でも、実は、このOには三つの意味がこめら

大阪府章

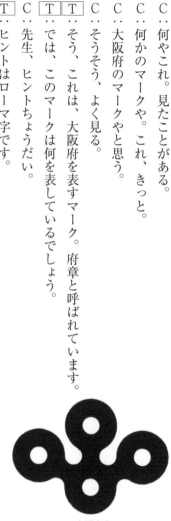

れています。「こんな大阪府にしたい」という願いがこめられているんだよね。

C：大阪やから、「めっちゃおもろい」とか。

C：「みんな幸せ」という意味やと思います。

C：たこ焼き

C：それ、ふざけてるやろ。

C：でも、大阪の名物やで。形も似ている。

T：府章の意味は「明るく・豊かで・住みよい大阪」を表しているそうです。大阪（OSAKA）の「O」の字を元に、一つ目は、「希望」、明るくってことですね。二つ目は、「繁栄（はんえい）」。豊かで、という意味。三つ目は、「調和（ちょうわ）」、住みよいを表す上の三方へのびる円で表わしています。

C：へー。おもろいな。

T：でも、まだマークには秘密があります。あるものを表しています。

C：先生、それって大阪に関係あるものですか。

T：そうです。

C：ヒント、ヒント。

T：新大阪の駅にもありますよ。これはある人に関係あります。
C：有名な人ですか。
T：はい、とっても。大阪城を作った人ですね。
C：豊臣秀吉や。
C：え？だれ？知らへん。
T：6年生の歴史で学習しますよ。大阪城を作り、大阪を大きなまちにした人です。太閤さんって呼ぶ人も多いですね。その太閤さんがよく使っていた、「千成びょうたん」を図にしたものです。
C：そのひょうたん、見たことある！　自分のお店にもある。
T：自分の家のことにつなげていていいですね。このように、大阪だけではなく、他の都道府県にもそれぞれマークがあります。資料もとに、自分が調べてみたい都道府県を一つ選んでみましょう。

このように、自分たちが住んでいるまちの県章について知ってから、他の都道府県について調べていくと、自分のまちの都道府県と比較しながら学習を展開することができるだろう。
ちなみに、大阪府章は、ホームページに描き方も載っているので、算数の学習などを使って取り組むのもよい。

府章の書き方
(1)　原点はOとする。
(2)　OA、OBはそれぞれ2とし、A、Bを中心として、半径4の円をつくる。
(3)　直線ABの延長線と(2)の2円との交点をC、D、2円の交点をE、F、EA、EBの延長線と2円の交点をG、Hとし、A、B、C、D、E、F、G、Hを中心として半径1の円をつくる。
(4)　C、D、E、Fを中心として半径3の円をつくる。

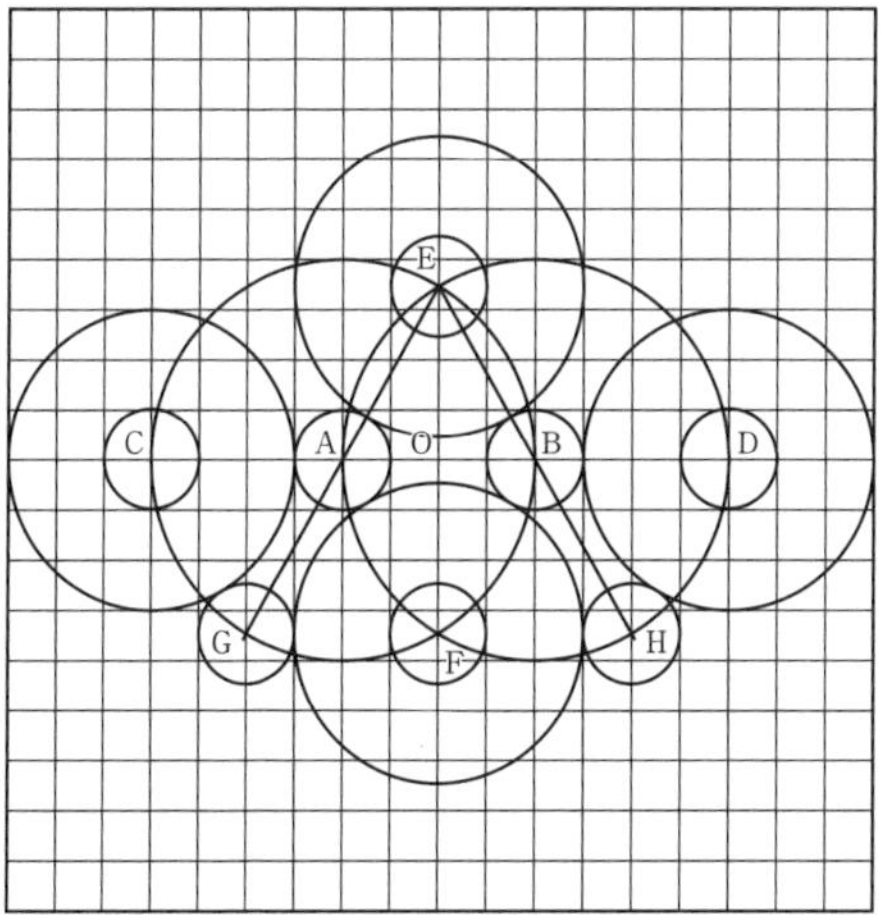

図5-3　府章の書き方　出所　大阪府の府章
http://www.pref.osaka.lg.jp/houbun/reiki/reiki_honbun/k201RG00000172.html

五、まちの特殊性と一般性を行き来する

3・4学年の教科書の内容は自分たちと違うまちであることが多く、そのままでは使用することができない。しかし、自分たちのまちと違うという特徴をあえて活かすことで効果的に学ぶこともできる。

例えば、教育出版の「小学社会3」の「市のうつりかわり」では横浜市の様子を紹介するページがある。こうしたページをそのまま学習するよりは、「自分たちのまちと同じだろうか、違うだろうか」と問いかけ、相違点を見つけることで教科書と自分たちのまちを比べることができる。人口、交通、土地利用など、比べてみると、自分たちのまちと大きく異なることもあるだろう。このように比較対象として教科書を用いることで学びを深めることができる。

また、教科書を使用することで、自分たちの「まち」のことだけではなく、日本で共通する問題や取り組みがあることに気づくこともできる。例えば、安全を守る働きは、基本

的に日本どこでも同じであり、119番通報は日本全国で共通ということも教科書を比較することで改めて知ることができる。逆に、教科書を使うことで、自分たちのまちにしか存在しないオリジナリティを知ることもできる。つまり、教科書に書かれている一般的な社会的事象に対して「まち」の特殊性を関連付けて考えることもできるだろう。このようにまちの特殊性と日本全国に共通する一般性を行き来することが社会的な「見方・考え方」を醸成することにもつながっていく。

六、学びを伝えるという経験を

3・4学年では、自分たちのまちのよさをまとめ、多くの人に伝えるという経験を積み重ねていくことがよいと考えている。自分たちが見つけた「まちのよさ」として、思わずおうちの人に伝えたくなるような新しい発見や秘密をノートに書き、まわりに伝えることを繰り返す。そうすることで、まちへの愛着が生まれ、高学年でのまちづくり提案につながっていく。また、3・4学年でもまちづくりの提案は可能である。例えば、「火事が少ないまちにするためにどんな取り組みをするとよいか」「私たちの市以外の人にまちの移り変わりを伝えよう」と、自分たちのまちをよりよくするための提案を考え、伝える活動もぜひ取り組みたいものである。

第六章　まちとつながる教材づくり

一、まちづくりに教師が関心をもつ

まちづくり的社会科の実践をするようになってから、「まちづくり」という言葉に関心をもつようになった。まちを歩けば、さまざまな看板や地域の集まり、市や区からの広報誌、どれを見てもまちづくりである。まちづくり的社会科を考える上で大切にしたいのは、**教師自身もまちに関心をもつこと**である。その上で、自分のまちを歩くということはとても大切なことである。

歩くことで様々な変化を見ることがある。私自身、娘とよく公園に行くことがある。ある公園は、分譲地の中に建てられていた。その公園に行くと、最初は数件だった家がどんどん増えていった。最初の頃、公園には私たち以外の家族はいなかったのだが、どんどん子どもたちが増え、賑やかになっていった。

同じように、校区も歩いてみると、新しい発見がある。授業のため、教材のためと意識して歩くことも大切だが、まずは楽しみながら歩いてみたい。

二、「まちのよさ」を探し、活かす

まちを生かした教材にめぐりあえることは、とても幸運なことだと考えている。

京都米作戦でお世話になった尾松さんをはじめ、多くの方との出会いによって、まちづくり的社会科は生まれる。しかし、待っていてもそうした出会いは生まれない。では、どうすればよいのだろうか。

私は、教材研究を始める時、

「まちのよさ見つけ」

をすることが大切であると考えている。

例えば、岐阜県の教員をしている頃、次のような授業をしたことがあった。

三、まちの「よさ」を見つけ、つなぐ

4年生「伝統的な工業〜美濃焼〜」の実践

1.「まち」のよさを見つける

岐阜県内において、土岐市、多治見市は「美濃焼」とよばれる陶磁器づくりが盛んな地域である。また、当時務めていた学校があった可児市も土岐市・多治見市と近隣であり、かつては、陶磁器の生産地であった。

可児市のホームページ[※57]には、次のように紹介されている。

「中国やヨーロッパから陶磁器が入り、新しい文化との交流に触発され、安土桃山時代、岐阜県の美濃地方（現在の可児市久々利など）で新しく釉薬の掛かった焼き物が誕生します。さまざまな色彩を放つ器が焼かれ、茶の湯の浸透とともに商人や武将など多くの人を魅了しました。美濃桃山陶は、日本陶磁史の画期的存在であり、最も斬新な焼き物ともいわれます。また、わずか20年〜30年の間しか焼かれませんでしたが、日本美術の転換期に

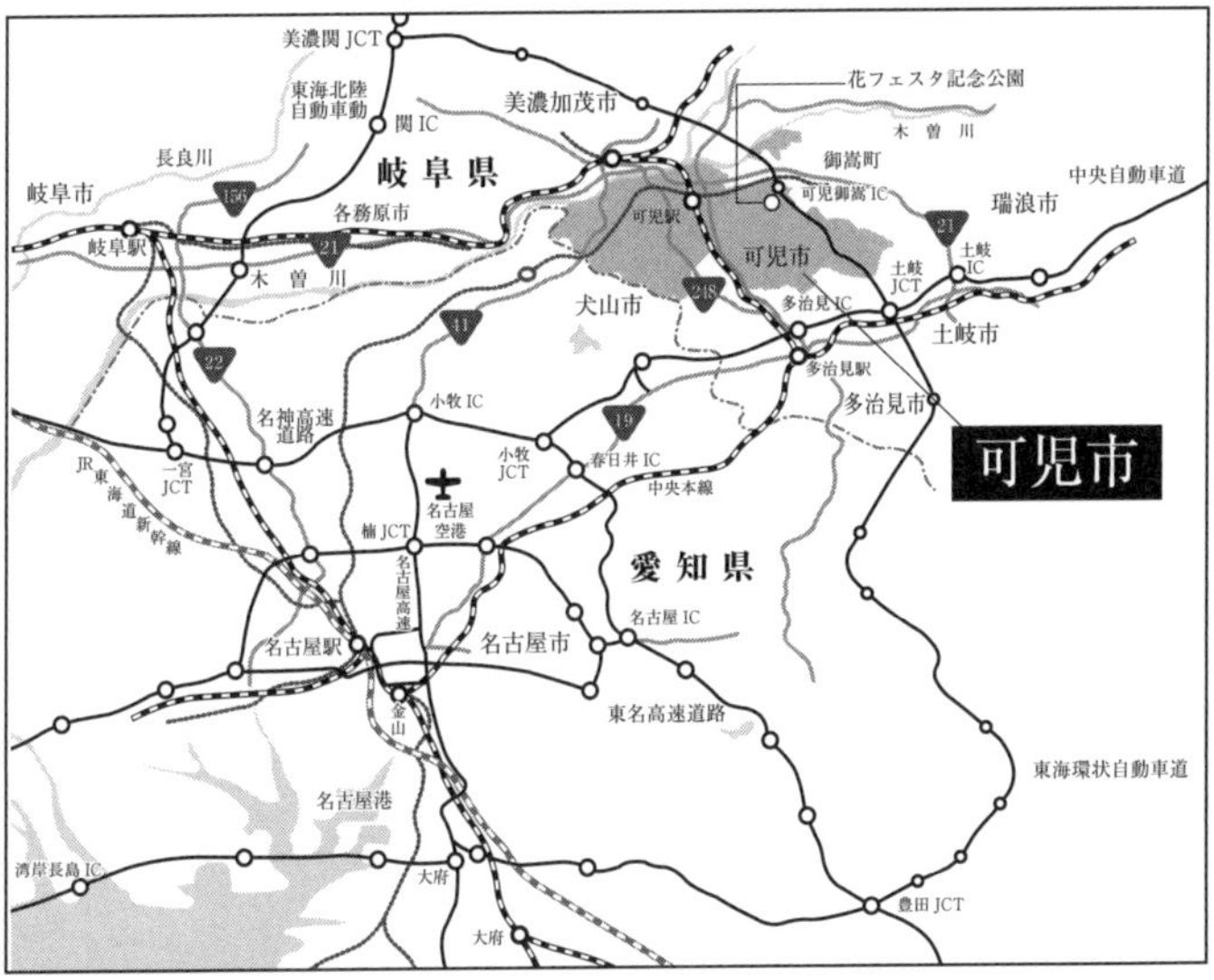

開花し、当時の人々の美意識に変革をもたらしました」

桃山時代には、茶の湯の流行によって、「志野」をはじめとして、この地方で作られた多くの茶器が好まれた。そのため、久々利と呼ばれる場所を中心に多くの窯が作られ、人々の生活に大きな役割をもつようになった。江戸時代以降、土岐市や多治見市ほどの生産はないが、現在の可児市でもなお、美濃焼づくりに取り組む人たちはいる。

しかし、子どもたちの中で、美濃焼を知っている者は少なく、ほとんど関心がないようだった。そもそも、子どもたちだけでなく、大人でさえも美濃焼など伝統的な工業への関心が薄く、可児市で陶磁器が盛んに作られていた事実を知らない人も多いだろう。私自身、可児市でも陶磁器が盛んだったということは授業をする前は恥ずかしながら知らなかったのである。

そこで、「伝統的な工業〜美濃焼〜」の授業を行うことにした。美濃焼が私たちの住む可児市と密接なつながりがあることを知り、美濃焼を実際に使ったり、そのよさを伝えたりしていく人になってほしい。とくに、可児市で美濃焼に携わる人との関わりを通じて、その方々の工夫や努力を知ることによって、自分たちでできることはないかと主体的に考えてほしいと願った。

私がこの教材を考える以前から、勤務している学校では、可児市で美濃焼に取り組まれている伝統工芸士の方に来て頂いて話を聞いていた。その方についての教材を生かしながら、さらにこのまちのよさを子どもたちが味わうことができないかと考えた。

そこで、知ったのが、副読本に書かれていた人間国宝の荒川豊蔵氏の存在だった。可児市のホームページ[※57]には次のように荒川氏を紹介している。そこで、この荒川氏の功績や可児市で現代の生活に生かす美濃焼づくりにかかわる人たちの取り組みに焦点をあてた単元づくりと教材化を目指した。

久々利大萱で桃山時代の志野の窯跡を発見し、その再興に尽くしたのが人間国宝の荒川豊蔵（1894-1985）です。

荒川豊蔵が志野の窯跡を発見するきっかけとなったのが、名古屋の旧家所蔵の‘志野筍茶碗’です。荒川氏は、この茶碗を手にしたとき底にこびりついた米粒ほどの赤い土を発見しました。この赤土が瀬戸にないことから、志野は瀬戸で焼かれたという定説に疑問を持ちました。そして、地元の多治見や可児の窯跡を調査し、ついに久々利大萱で筍の絵のある志野の陶片を発見しました。この発見は「日本の陶磁史を覆す大発見」といわれています。

この発見から3年後の昭和8年（1933）、豊蔵39歳の時に大萱に窯を開き、以来志野や瀬戸黒を再興することに半生を捧げ、昭和30年、61歳のとき人間国宝に認定され、昭和46年には文化勲章を受章されました。

出所　「美濃桃山陶の聖地」可児市ホームページ

志野筍絵茶碗銘随縁　昭和36年　荒川豊蔵作
提供　荒川豊蔵資料館蔵

2. 美濃焼のよさを知らない子どもたち

最初の驚きは、子どもたちが「美濃焼」をほとんど知らないという事実だった。社会科に対して前向きに取り組もうとする子が多く、課題に対して資料から一生懸命読み取ろうとしたり、学習のまとめを熱心に書いたりすることができる学級であった。しかし、授業が始まる前に、美濃焼について子どもたち（32名）に質問をした。すると、全く知らない子が24人で、名前を知っているが、どういうものかが知らないと述べた子が8人だった。つまり、美濃焼について知っている子は全くいないということである。また、可児市の給食が前年度よりアルマイトから陶磁器に変わっていた。それについてもたずねると、「おいしく見える」などの意見もあったが、「われてしまう」「前より重い」など、子どもたちはあまり陶磁器を使うよさを見出していないことも分かった。

そこで、本単元では、実際に美濃焼にふれたり、美濃焼に取り組む人たちの願いを考えたりしながら、子どもたちが美濃焼のよさを見つけ、それを「伝えたい」と思えるような授業が必要であると強く感じていた。

3. 出会いを演出する

美濃焼を知らない子どもたちにどのようによさを教えるか。

そこでまず考えたのが、「本物」に「見て」「さわって」「考える」ことだった。子どもたちに具体的な資料、つまり「本物」の美濃焼に「さわって」「見て」、私たちとつながりがあることを知る。愛着をもたせる。それが、「さらに知りたい」という思いにつながり、追究する意欲が高まっていくと考えた。

では、実際に美濃焼に触れ合うにはどうすればいいだろうか。

ちょうどその頃、土岐市や多治見市で美濃焼の祭りがあり、多くの美濃焼を購入することができた。また、可児市で美濃焼づくりに取り組んでいる方の作品も手に入れることができた。それを教室に掲示したり、実際にさわったりしながら学習を進めていくことにした。

しかし、もっと美濃焼のよさを味わうために、できることはないだろうかと悩んでいた。

「子どもたちが主体的に美濃焼と関わるにはどうすればいいか」

と考えた時、アイデアとして浮かんだのが豊蔵資料館の学芸員の方に来て頂くことだっ

表 6-1　4 年生　「伝統的な工業～美濃焼」の単元計画

時	ねらい	学習活動
1	実際に美濃焼にふれ、身近にある伝統的な技術を生かしたものに興味・関心をもつことができる。	① 副読本などで、県内の伝統的な産業が盛んな地域と製品について調べ、交流する。 可児市にはどんな伝統的な産業があるのだろうか。 ② 美濃焼に触れ、気づいたことや感想を紹介する。 〇美濃焼と陶器の違いを感じながら、美濃焼のよさを考える。 ③ 美濃焼について調べていきたいことを書き、交流する。 ・美濃焼はいつできたのかな。　・美濃焼はどうやって作るのかな。 ・どうして美濃焼が盛んなのかな。
2	美濃焼ができるまでの過程や出来上がるまでの時間などを調べ、美濃焼を作ることの苦労や努力について知ることができる。	① 美濃焼がどのようにしてつくられるのかなどを副読本などで調べる。 美濃焼はどんな工夫や努力をして作られているのだろうか。 ② 美濃焼を作るまでの苦労や努力、願いについて考える。 ・美濃焼はどうやってできるのだろう。・手作りだからとても多くの時間がかかるね。
3 4	美濃焼が作られていた久々利の位置や概要について知り、美濃焼を焼くのによい粘土や、絵付け用の酸化鉄に恵まれているなど、自然条件を生かして行われているのが分かる。	① 可児市で美濃焼が作られていた場所を調べる。 なぜ、可児市の久々利を中心に美濃焼が行われていたのだろう。 なぜ、美濃焼が生まれたかを資料から考える。 ・古瀬にも窯があったんだね。 ・昔は多くの茶器が作られたんだ。 ② なぜ、久々利などで美濃焼を焼くのに恵まれていたのかを資料から読み取る。 ③ 志野をよみがえらせた荒川豊蔵さんについて知る。 ・荒川さんという人が志野を見つけたんだね。 ・どうやって志野をよみがえらせたのだろう。
	豊蔵資料館出張授業	
5	生活が苦しい中で、美濃焼の志野づくりに励んだ荒川さんの思いを調べる活動を通して、志野をよみがえらせようとする努力や願いを考えることができる。	① 資料をみて、生活が苦しくても、志野づくりをし続けたことを考える。 なぜ、荒川さんは生活が苦しくても、志野づくりを続けたのだろう。 ② なぜ、国からみとめられても、志野を作り続けたか考える。 ・さらによいものを作りたい。 ・多くの人に志野を伝えていきたい。
6	美濃焼の技術を引き継いだり、多くの人に知ってもらったりするために、伝統工芸士の資格があることを知る。	① 伝統を受け継ぐために、伝統工芸士の資格があることを知る。 ・S さんは、伝統工芸士という資格をもっているよ。 S さんがもっている伝統工芸士とは、どんなものなのだろうか。 ・美濃焼が上手にできる人じゃないかな。 ・美濃焼を作れるために何度も練習した人だと思うよ。 ② 伝統工芸士の人たちが協力して、美濃焼を紹介したり、お店をひらいたりしていることを知る。 ・美濃焼を展示したり、お店をひらいたりすることで、多くの人が美濃焼について知ることができるね。
7 8	これまでの学習・体験してきたことや美濃焼のよさについて考えたことなどを、自分なりに新聞にまとめることができる。	① これまでの学習で心に残ったことを交流する。 ② これまで学習・体験してきたことや美濃焼のよさについて考えたことを新聞にまとめる。

た。

可児市には志野の再現に成功した人間国宝の荒川豊蔵氏の功績を納めた豊蔵資料館（現：荒川豊蔵資料館）がある。子どもたちに美濃焼のよさや自分たちのつながりを深めるために、荒川氏の作品にふれあい、そのよさやすばらしさを感じる授業を目指すことで、より子どもたちの学びが深まると考えた。

資料館の学芸員の加藤桂子さんとも話を進めていくうちに、実際の荒川氏が作られた美濃焼も子どもたち全員に触れさせてくれることになった。金額的にかなり高価なものもあった。これは、教師だけが授業をしていたら実現できない部分である。それほど、美濃焼について考えてほしいという加藤さんの願いが伝わってきた。

そしてできたのが次の授業である。

表6-2　学芸員の方による特別授業について

	学習内容	学習の様子
	＜前半＞	「美濃焼の歴史」
1	美濃焼の名前の由来	・岐阜県の地図を参考に、美濃焼がどこで生まれたかを説明して頂いた。名前の由来は子どもたちにとって大きな発見だった
2	美濃焼の歴史 美濃焼ができる前の焼物 志野が栄えていたころの可児 時代による可児の志野づくりの衰退 荒川豊蔵氏の志野の陶片の発見と再現	・美濃焼がどのように生まれ、そして栄えていったのかについて話をして頂いた。 ・「志野」が可児で江戸時代以降栄えなくなり、荒川さんの発見までは、愛知県で行われているという話を聞き、メモをいっぱいにとる子どもたちが多くいた。 ・荒川さんが３９歳から８７歳まで志野を作り続けたことは、子どもたちにとって大きな驚きだった。
3	荒川豊蔵さんについて 荒川さんが行ったことの大きさ 人間国宝（重要無形文化財保持者）とは？	
	＜後半＞	「荒川さんの作品や昔からの焼き物にふれよう」
1	文化財を見る・さわる時に気をつけること	・実際に大切な文化財でもある美濃焼をさわるにはどうしたらいいかを丁寧に教えて頂いた。
2	実際にさわってみよう 須恵器から豊蔵さん作陶の「志野」まで	
3	質問タイム Q. なぜ、土が必要なのか。 Q. 志野などの種類について など。	
4	美濃焼のよさ	最後に、美濃焼の使いやすさ、そして文化を大切にしてほしいというメッセージを頂いた。

授業を終えて、子どもたちは次のような感想を残している。

加藤さんの話を聞いて分かったことは、ずっと志野をつくっていたわけではなく、一度なくなって、荒川さんがかまのはへんを発見し、美濃焼づくりが始まる。だが、だれも志野を作っていないから、一人で志野のことを調べて、努力して、志野づくりに挑戦し、どんどん作るということでした。とよぞうさんのことがよく分かりました。昔のものは、とても軽かったけれど、新しいものになってくると、重くなっていくことがさわったり、持ったりして分かりました。さわったり、もったりできてとてもよかったです。

加藤さんの話で、荒川とよぞうさんが、80年前に可児市の大がやで志野のかけらを見つけて、一からつくり、また、志野（美濃焼）をよみがえらせたということが分かりました。他に歴史などもよく分かりました。きちょうなものやその持ち方も新しく覚えました。

わたしは、加藤さんに教えてもらい、とよぞうさんが可児で志野のかけらを見つけて、愛知ではなく、美濃地方で作っていたと証明されたということを初めて知りました。とよぞうさんの努力が重なって、桃山時代の志野を表現できたのですごいと思いました。きちょうなお皿をさわらせてもらい、重いもの、軽いもの、うすい物、太い物があるというのがわかりました。とよぞうさんの作品は多くて数え切れないほどの作品があるということを教えてもらい、とてもうれしかったです。志野や黄瀬戸、織部、瀬戸黒を資料館でも見たいなと思いました。これから美濃焼の学習はとよぞうさんの気持ちを考えながら、学習をしていきたいと思いました。

4. つながりを感じる子どもたち

この単元を終えて、子どもたちが大きく変わったことがあった。それは、まったく美濃焼を知らなかった子どもたちが、美濃焼や志野、そして荒川氏を身近に感じるようになったということである。

美濃焼の授業が終わっても、

「わたしのおばあちゃんの家に志野があったよ。」

「ぼくの親戚の家にもたくさんの美濃焼があるよ。」

そんな話をうれしそうに語る子どもたちが大勢いた。

美濃焼などの伝統工芸は、作る側だけの一方的な行為のみで継承をしているのではなく、それを受け取る側、つまり、使う側としての私たちの存在も大切である。これからの伝統工芸を考える上で、消費者であり、鑑賞者であり、文化を愛する人たちである子どもたちによって未来につなげていくことが重要であると強く感じた実践だった。そして、この実践は、豊蔵資料館（現：荒川豊蔵資料館）の学芸員、加藤桂子さんをはじめ、豊蔵資料館の協力がなければなしえなかった。

市販で手に入る美濃焼は、教室に掲示し、常に見たり、さわったりできるようにした（著者撮影）。

四、まちの人と子どもたちをつなげる

「伝統的な工業〜美濃焼〜」の授業実践は、まちの人たちと子どもたちをいかにつなぐことが大切かを教えてくれた。まちづくり的社会科は、教師だけが教材研究をするというよりは、まちづくりの視点から一緒になって教材を作って下さる方を探すという視点が欠かせない。「京都米大作戦」も「環境を守る京都」もまちづくりに関わる方が資料づくりに協力してくださって生まれたものである。

まちづくりに関わる方は、教師ができないようなことをしてくれる。消防士や警察の方は消防車やパトカーで学校に来てくれることもあるだろうし、今回のように博物館や美術館の方は、教師ができないような体験をさせてくれる。実は、そうした学校の教育活動に協力してくださる方は大勢いる。そうした方と子どもたちがいかにつながるようにできるかを考え、アポイントを取り、**一緒に授業をつくっていくスタンスで取り組んでいくことがこれからの社会科の授業づくりでは欠かせない**と考えている。

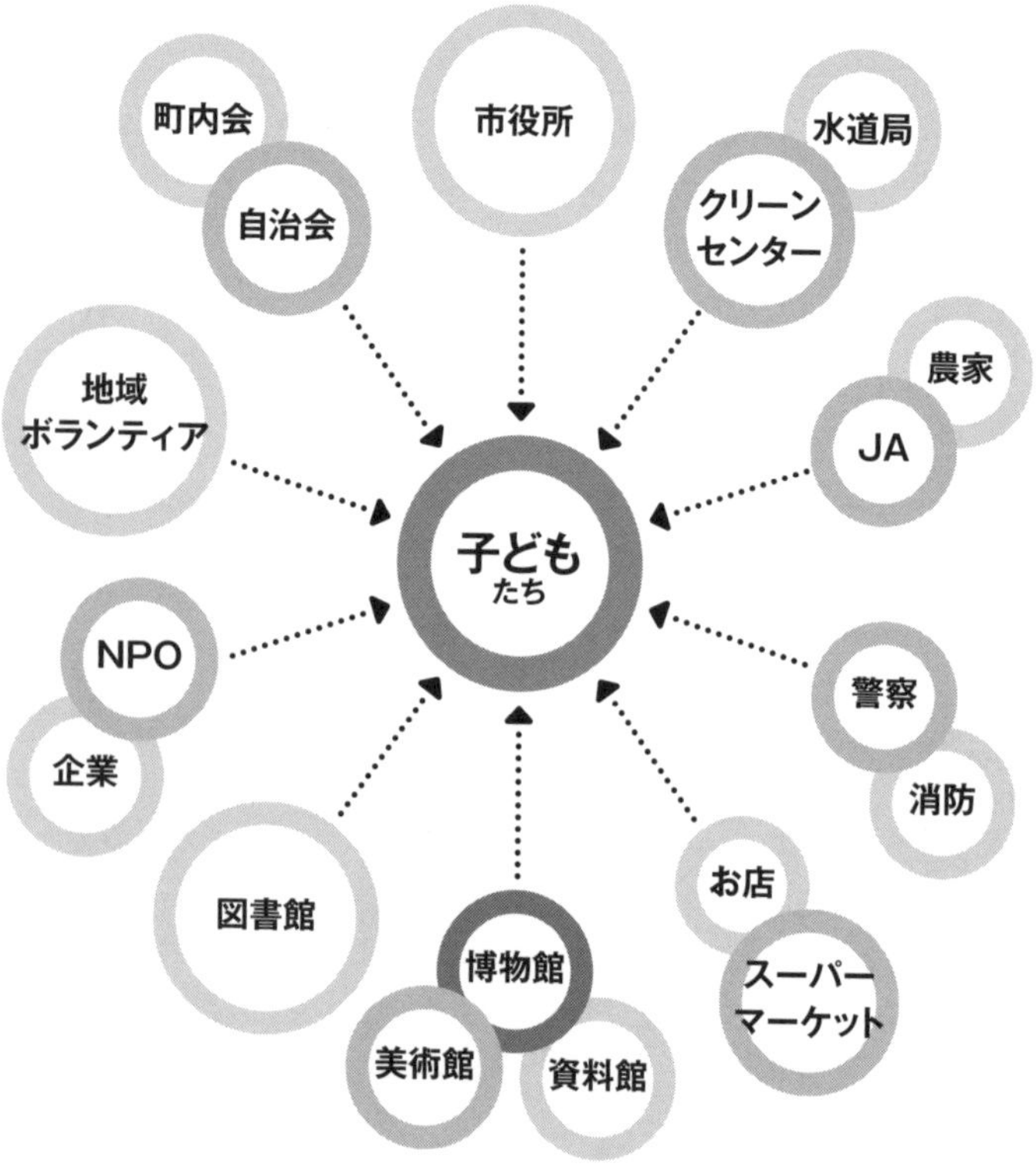

図6-1　まちの人と子どもがつながる

第七章

社会科と学級づくり

一、子どもが学びへ向かう評価でありたい

実践の話をすると、必ず、評価の話になる。

確かに評価は大切である。しかし、ぶつ切りで、点数で評定をつけることだけが評価ではない。

由井薗健先生と以前話をしていた時に、由井薗先生の話から「評価は子どもを励ますものでありたい」と考えるようになった。

三年生の担任をしている時、子どもの振り返りや感想に「スペシャルでとても良い」という意味でⓈをつけたことがある。突然、ノートにスペシャルのⓈをつけて渡した。それが瞬く間にクラスの子どもたちのブームになった。「ノートⓈ事件」の始まりである。日によってもらえる人の多い、少ないの差はあるのだが、基本的にⓈは、数人しかもらえない。子どもたちは、ある日、突然「Ⓢ」がついたノートやプリントを見つけると、「やった！」と叫ぶ子もいれば、ニヤっと喜びが溢れる子もいる。中には、「Ⓢ」が欲しいと振

り返りを必死で何ページも書く強者まで現れた。しかし、「Ⓢ」は文量だけではもらえないと子どもたちは気づくようになる。

「もちろん、長い文は必要だ。でも、多いだけではもらえないみたいだぞ」

そうすると、どうしたらⓈがもらえるかを考え始める。そこで、ヒントを教えて欲しいと聞いてくる子も出てくる。こちらもモデルを示す。「授業で学習した内容と実際にお店に行った時のことを重ねていていいなあ」「生活とつなげて書いているね」と話をしていく。子どもたちは、「そうか、よし書いてみよう」となる。

こうした話をすると、ノートにⓈをつければ良いと考える若い先生がいるかもしれない。だが、それは違うと思う。

残念なことに、今の教育書は、「○○すれば●●になる」という書き方に溢れている。しかし、そんなにうまくいくことはなかなかない。

Ⓢをつけて盛り上がった背景を考えると、以前から振り返りのノートを授業の終わりに見て、何らかのコミュニケーションを取っていた。毎回、コメントを書くこともあれば、口頭で伝える場合もあり、「よし、いいぞ」「よく書けるようになったな」といった会話があった。そこにある時、「S」がつき、それが「スペシャル」という意味と知って盛り上

がったのである。

つまり、こうした学級の何気ないやりとりや交流によって、子どもたちのやる気や学びに向かう意識が高まってくるのである。評価とは、成績を定め、通知表をつけるためだけではない。もちろん、そんなことはみな分かっていると思うが、**意識しないと、評価のための評価になってしまう。**ノートにAやBをつけるだけでは、子どもたちは「だからなんだ」ということになってしまう。

そうしたことを自戒し、子どもたちの学びに向かう評価でありたい。どこがよくて、どこを改善するとよくなるのか。とくにどうすれば「もっと学びたい」と考えることができるようになるかが分かる評価でありたい。そのため、普段から子どもの良い姿をメモしたり、学級通信で紹介したりするといった子ども理解を深めていくことが極めて大切なことである。

二、子どもの心に火をつける

「ノートⓈ事件」と同じように、子どもたちが夢中になって取り組んだことがある。

それは、授業で司会を立てるというものである。

授業をしている時、どうしても職員室に行かなければいけないことがあり、

「先生の代わりに○○さん、続きやって」

と司会をお願いしたことがきっかけである。

戻ってくると、子どもたちは張り切って話し合いをしていた。

それから、授業ではよく司会を立てて授業を進めるようになった。

しかし、これもハウツーではない。

話し合いの中で「質問です」「すいません。よく聞こえません」とやりとりができる（できるようになってきた）クラスだったからである。普段から「自分たちが話し合いの中心である」という意識が高く、そこに「司会」という火をつけたから俄然やる気が湧いてクラスが「発火」したのだと考えている。

牧師でもあり、教育者でもあったウィリアム・アーサー・ウォードは、

「凡庸な教師はただしゃべる。

よい教師は説明する。

すぐれた教師は自らやって見せる。
そして、偉大な教師は心に火をつける。」
という言葉を残している。[※58]
授業者は常に、こうした「火をつける」ことを心がけることが大切である。それが、学び合える組織に変えるきっかけになると考えている。そうは言っても、私自身、あやまって「火を消してしまう」こともたくさんある。トライアンドエラーを繰り返しながら実践をしている。

三、学級づくりにつながる社会科

少し長いが、社会科のみならず、優れた学級担任でもあった有田[※59]の言葉を紹介したい。

社会科という教科は、学級づくりに深くかかわる。他の教科以上に深く関係する。
なぜなら、社会科は民主的な人間を育て、民主的な人間関係を育てることを目的とするからである。

民主的な人間関係を育てることは、学級づくりの目的でもある。

学級づくりができてくると、教科の学習も深いものができる。また、教科学習を進めながら学級づくりをしているのである。だから、教科の学習を進めているとき、教科の内容や方法を身につけることだけをねらってはならないのである。

教科の学習、特に、社会科学習を展開していくとき、教科の内容・方法を身につけさせることをねらうとともに、民主的な人間に育てること、民主的な人間関係に育てることをベースに考えなければならないのである。

つまり、人間教育を常にベースにしていなければ「教育」の名に値しないということである。

このことは、学級づくりそのものである。


これは、有田が『社会科の活性化　教室に熱気を！』（明治図書出版）で書いたものである。有田が述べるように、社会科は、社会の中で生きていく民主的な「人」を育てる教科である。

だからこそ、学んだことを自分たちの「まち」に生かすという視点をもった子どもたちを育てるクラスづくりをしていきたいものである。

四、見えないものを見ようとする

聖書[※60]では、「わたしたちは見えるものにではなく、見えないものに目を注ぎます。見えるものは過ぎ去りますが、見えないものは永遠に存続するからです。（新約聖書　コリントの信徒への手紙Ⅱ　4章18節）」という一文がある。例えば、働く人の努力や工夫など、見ようとしなければ見えないものが多い。見えないものを見ようとする態度を養うことは、他者への共感や社会性を育むことにつながる。また、社会的な見方や考え方も身に付けることにもつながる。

特に、まちづくり的社会科を考えるということは、**「見えない」社会の出来事や問題を踏まえ、「まち」をどのように変えていくかを捉え、実際に提案していくことである。**それは、外の見えないものを意識して見ようとすることでもある。

また、提案するということは、クラスの中にある一人ひとりのエネルギーを中に溜めず、外に出していくことにつながる。一人ひとりが意見をもち、社会を変えようという意識をもつことで、クラスが内向きにならず、常に社会を意識した子どもたちに育てることにもつながっていく。

五、まちづくりからまち育てへ

もっと教室にまちの多くの人が関わる。

子どもたちのまちづくりの提案を社会が参考にする。

この二つが私の願う社会科の未来、学校の未来である。

社会科は、教師が一方的に伝える授業ではなく、**子どもたちが「自分ごと」として捉え、社会とのつながりを生み出す授業**である。そのために私はまちづくりという手法を用いた。

2020年から新型コロナウィルスの感染防止のため、学校や教室では密であってはいけないとされた。しかし、そうした懸念がなくなれば、多くの人が教室を出入りするような、より濃厚で密な場になって欲しいと思っている。そして、教師は、自分が教えるということばかりを意識するのではなく、いかに子どもたちの学びを「つなげるか」といった学習環境のデザインにも心がけていくべきだと考えている。

もう一つは、社会全体で、子どもたちの意見、アイデアを参考にするべきである。これからの社会を変えるのは子どもたちである。子どもたちの提案するまちづくり案は読んでいて、なるほどと思うものが多い。近年、「まちづくり」からさらに一歩進んで、「誰もが多様なスタイルで、まちと関わることを前提」とした「まち育て」という概念が広がってきている。「まち育て」には「まちを育《はぐく》むという想い」（北原[※61]）が込められている。ぜひ、子どもたちのまちを育てるデザインを取り入れる社会や大人が増えて欲しい。自分たちの学びが社会に貢献されると、学ぶ意味や意義はとても高まるだろう。

そんなアフターコロナの社会、そして未来の社会科を私は夢見ている。

写真：石井正孝／アフロ

おわりに

読んで頂き、ありがとうございました。

「まち」を社会科の学びの中心に据えようと考え始めた頃、主権者教育の必要性も強く感じるようになりました。

若い人たちの政治への関心の低さの原因は様々です。しかし、その関心の低さを変えることが出来る教科は何かと考えた時、やはり、社会科なのではないでしょうか。

高等学校において、「公共」など社会科に関する教科で主権者教育を展開しています。しかし、そこに至るまで、小学校、中学校の段階から地域の課題を通して社会に関心をもつ子どもたちを育てていくことが重要です。そして、地域課題を通して社会のあり方、関わり方を意識するためには、やはり、自分たちの「まち」から学び、「まち」に提案する学びを続けていくことが大切だと考えています。学習内容を通して「まちづくり」を考え、その案を外部の方に伝えることは、子どもたちにとって、「自分の学びが実際に活かされる」という責任感と達成感が得られるのではないでしょうか。

今回は、小学校の社会科を中心にお話しさせて頂きましたが、中学校や高等学校の社会科もまちづくり的な発想で授業をすることは可能であると考えます。もっと言えば、むしろ必要ではないかと考えます。


さて、このような機会を与えてくださった、東洋館出版社の北山俊臣さんに心から感謝いたします。北山さんには常に励ましと助言、そして、絶版になっていた資料収集から各方面への許諾まで様々な場で動いて頂きました。北山さんには随分前からお話を頂いていたのですが、やっとその期待に応えることができました。

また、本書のベースになったのは、岐阜大学大学院教育学研究科での修士研究です。修士研究をそのまま書籍にはせず、修士研究以前と以降の実践も加えたものになりました。しかし、大学院の2年間がなければ、まちづくり的社会科の発想は生み出されることはありませんでした。ゼミの指導教員であった益子典文先生には、大変丁寧に指導をして頂きました。この場を借りてお礼申し上げます。

最後に、本書を書くにあたって、妻、千裕と二人の子どもたちには本当に頭の下がる思いです。とくに年末の忙しい時期に朝から晩まで書斎に籠ることを許してもらい（許されていないかもしれませんが…）、本書をまとめることができました。本当にありがとう。そして、私にたくさんのヒントを与えてくれたすべての教え子たちに心から感謝します。

本書が少なからず社会科の発展と未来につながることを願っています。

２０２１年１月

新型コロナウィルス感染拡大が一刻も早く静まることを祈りながら

長瀬拓也

引用・参考文献

※1瀧本哲史（2011）『僕は君たちに武器を配りたい』講談社 p.35,p.42
※2文部省（1947）「学習指導要領一般編（試案）」
※3奥村好美（2011）「有田和正の授業観の転換についての一考察：切実性論争に着目して」『教育方法の探究（14）』教育方法学講座紀要 pp.64-72
※4長岡文雄（1990）『授業をみがく　腰の強い授業を』黎明書房 p.43
※5有田和正（1994）『「考える子ども」を育てる社会科の学習技能』明治図書出版 pp .46-49
※6有田和正（1997）『社会科授業づくりの技術』教育出版 p.70
※7小西正雄（1992）『提案する社会科』明治図書出版 p.127
※8藤井千春（2012）「小西正雄『提案する社会科』」日本社会科教育学会［編］『新版社会科教育事典』ぎょうせい p.309
※9唐木清志 編（2016）『「公民的資質」とは何か』東洋館出版社 pp.36-37
※10ロジャー・ハート［著］木下勇・田中治彦・南博文［監修］IPA（子どもの遊ぶ権利のための国際協会）日本支部［訳］（2000）『子どもの参画　コミュニティづくりと身近な環境ケアへの参画のため

の理論と実際』萌文社
※11谷川彰英（1986）『地名を生かす社会科の授業』黎明書房 pp.2-3
※12文部科学省（2007）「平成20年改訂小学校学習指導要領解説［社会編］」p.25
※13村山朝子（2012）「地域に根ざした社会科」『社会科教育事典』日本社会科教育学会編 ぎょうせい pp.76-77
※14峯岸由治（2010）『「地域に根ざす社会科」実践の歴史的展開と授業開発―授業内容と授業展開を視点として』関西学院出版会 pp.24-26
※15水戸貴志代［著］社会科の初志をつらぬく会（個を育てる教師のつどい）［編］（1989）『地域の教材はなぜ効果的か』黎明書房 p.232
※16上田薫［著］社会科の初志をつらぬく会（個を育てる教師のつどい）［編］（1989）『地域の教材はなぜ効果的か』黎明書房 p.4
※17長岡文雄（1980）『若い社会の先生に』黎明書房 pp.57.58
※18小原友行（1982）「『地域に根ざす社会科』の授業構成 若狭・安井・鈴木実践の分析」全国社会科教育学会 社会科研究第30号記念論叢 pp.148-157
※19長岡文雄（1980）『若い社会科の先生へ』黎明書房 p.64
※20色田彩恵・加藤孝明（2015）「まちづくり主体としての住民個人のモチベーションの評価手法の構築と有効性の実証」生産研究67（4）東京大学生産技術研究所 pp.321-326

※21田村明（1987）『まちづくりの発想』岩波書店 pp.52-54
※22山崎亮（2012）『コミュニティデザインの時代』中央公論新社 p.232
※23竹内裕一（2004）「まちづくり学習において地域問題を教材化することの意義」千葉大学教育学部研究紀要52 pp.57-67
※24北原啓司（2004）「発刊にあたって」日本建築学会編『まちづくり教科書第6巻 まちづくり学習』丸善出版iii
※25寺本潔（2012）「まちづくり学習」日本社会科教育学会編『社会科教育事典』ぎょうせい pp.114-115
※26竹内裕一（1999）「社会科教育におけるまちづくり学習の可能性―子どもと地域の再生に向けて―」千葉大学 千葉大学教育学部研究紀要Ⅰ教育科学編47 pp.55-69
※27長瀬拓也（2013）「地域への誇りをもつ子を育てる総合的な学習の時間の在り方～主体的に地域と関わり学ぶことによって、地域への誇りを育む「トマト大作戦」の取組から～」中津川市教育実践論文
※28長瀬拓也（2019）「第12章 学校現場発信のカリキュラム・マネジメントをさあ、はじめよう―中津川市立加子母小学校総合学習『トマト大作戦の取り組み』から」グループ・ディダクティカ 編『深い学びを紡ぎだす』勁草書房
※29山根栄次（2012）「同心円拡大主義」『社会科教育事典』日本社会科教育学会編 ぎょうせい pp.10-11
※30北原啓司（2004）日本建築学会編『まちづくり教科書第6巻 まちづくり学習』丸善出版 pp.2-5
※31浅野聡（2004）「『まち学習』から『まちづくり学習』へ」日本建築学会編『まちづくり教科書第6巻 まちづくり学習』丸善出版 pp.34-43

※32浅野聡（2003）「まちづくり市民力の姿―まちを造形する力」『まちづくり極意 くわな流』「くわな」まちづくりブック編集委員会蛤倶楽部　中日出版社
※33恩田守雄（2002）『グローカル時代の地域づくり』学文社 pp.18-19
※34北俊夫（2004）『社会科学習問題づくりのアイデア』明治図書出版 p.64-65
※35由井薗健（2017）『一人ひとりが考え、全員でつくる社会科授業』東洋館出版社 pp.18-19
※36長瀬拓也（2018）「社会科における地域教材の効果的利用に関する研究―5年「環境を守るわたしたち」におけるまちづくり的社会科の視点を取り入れた単元設計と教材化―」日本社会科教育学会研究大会発表資料
※37谷川彰英（1985）「"切実な問題"とは―切実性の検討―」社会科の初志をつらぬく会『考える子ども』No.159　pp.5-24
※38谷川彰英（1985）「社会科にとって"教材の切実性"とは何か―切実さの中身と必要性を検討する―」『教育科学・社会科教育』第22巻、7月 pp.5-24
※39片上宗二（2013）『社会科教師のための「言語力」研究：社会科授業の充実・発展をめざして』風間書房 p.35
※40京都府農業課ホームページ　2020年12月29日閲覧 https://kyoto-kome.net/store-genre/eat/
※41東京書籍（2015）「新編新しい社会　5　上下」
※42京都市都市計画局　広告景観づくり推進課「京のサイン」

※43東京書籍（2014）平成27年度用「新編　新しい社会」年間指導計画作成資料
※44磯田道史（2020）『感染症の日本史』文藝春秋 p.7
※45寺本潔・澤達大（2016）『観光教育への招待：社会科から地域人材育成まで』ミネルヴァ書房
※46歴史倶楽部「角倉了以（すみのくらりょうい）（1554～1614）」http://inoues.net/club/suminokura_ryoui.html　2020年12月30日閲覧
※47渡部昇一［監］丸岡慎弥［著］（2015）『日本の心は銅像にあった』扶桑社
※48東京書籍（2015）「新編　新しい社会6　上」
※49総務省　総務省（2017）「主権者教育の推進に関する有識者会議　とりまとめ（要約）」http://www.soumu.go.jp/main_content/000474647.pdf（2019年8月21日閲覧）
※50吉村功太郎「特集　小学校における主権者教育　子どもの社会におけるリアルな問題解決」『教育研究』2016年11月号、No.1377 pp.18-21
※51桑原敏典・工藤文三・棚橋健治・谷田部玲生・小山茂喜・吉村功太郎・鴛原進・永田忠道・橋本康弘・渡部竜也（2015）「小中高一貫有権者教育プログラム開発の方法（1）：『選挙』をテーマとする小学校社会科の単元の開発を通して」岡山大学教師教育開発センター紀要第5号別冊 pp.93-100
※52桑原敏典（2016）「まちづくりを通して学ぶ主権者教育プログラムの開発 ワークショップを取り入れた参加型学習の実践を通して」岡山大学大学院教育学研究科研究集録第163号 p.49-58
※53中善則・京都市右京区選挙管理委員会右京区学生選挙サポーター（2017）『子どものための主権者教育 大学生と行政でつくるアクティブ・ラーニング型選挙出前授業』ナカニシヤ出版

※54鎌田和宏（2020）『新教科書　ここが変わった！社会』日本標準 p.16 ,pp.26-30 ,pp.33,p48-51
※55文部科学省（2017）　学習指導要領解説［社会編］p.19
※56府章の参考 http://www.pref.osaka.lg.jp/houbun/reiki/reiki_honbun/k201RG00000172.html 2020年12月28日閲覧）
※57可児市ホームページ　https://www.city.kani.lg.jp/4378.htm 2020年12月28日閲覧
※58西澤潤一（1996）『教育の目的再考』岩波書店 p.29
※59有田和正（1985）『社会科の活性化　教室に熱気を！』明治図書出版 p.34-35
※60日本聖書協会「新約聖書」コリント信徒への手紙Ⅱ　4章18節
※61北原啓司（2009）『まち育てのススメ』弘前大学出版会 p.3,p.14

また、本書は次の論考をもとに、校内の実践記録や研究紀要を加え、大幅に加筆、再構成したものである。

『まちづくりの視点を組み込んだ小学校社会科の単元設計に関する研究』岐阜大学大学院教育学研究科修士論文（2019年3月）

「地域への誇りをもつ子を育てる総合的な時間の学習の在り方～主体的に地域と関わり学ぶことによって、地域への誇りを育む「トマト大作戦」の取組から～」中津川市教育実践論文（2013年1月）
「小学校における主権者意識を育てるための社会科授業の在り方―「君も今日から政治家だ！市長選挙に立候補！」の2年間の取り組みから―」日本社会科教育学会第65回全国研究大会発表資料（2015年11月）
「小学校社会科における地域教材の活用と単元設計―SDGsの目標をいかすまちづくり提案を単元の出口にして―」『多様化時代の社会科授業デザイン』金子邦秀［監］学校教育研究会［編］（2020年8月）
「一緒にいるだけでも愉しい」『教育研究』（No.1422）初等教育研究会（2020年8月）

また、本書に際して、加子母トマト組合青壮年部の萩原真さん、NPO日本都市農村交流ネットワーク協会副理事長の尾松数憲さん、鴨川を美しくする会、杉江貞昭さん、京都市都市計画局都市景観部計画課（当時）の福本えりかさん、中津川市選挙管理委員会の皆さん、荒川豊蔵資料館の加藤桂子さん他、多くの方のご協力に感謝いたします。ありがとうございました。

プロフィール

長瀬拓也

1981年岐阜県生まれ。佛教大学教育学部卒業、岐阜大学大学院教育学研究科修了。修士（教育学）。横浜市立小学校、岐阜県公立小・中学校の教員として勤め、現在は同志社小学校教諭、京都女子大学非常勤講師。

高校生の時、中学校教員だった父親が白血病で他界し、教師になることを決意する。初任者の時、一般財団法人日本児童教育振興財団主催「第40回わたしの教育記録 採用・新人賞」(2004) を受賞。社会科教育を専門としながら、学級経営や生徒指導についての著作も多く、日本教育新聞への寄稿や教育委員会主催の講演を依頼されることがある。まちづくりや主権者教育、対話型鑑賞学習に関心がある。

主な著書に、『教師のための時間術』(単著、黎明書房)、『ゼロから学べる学級経営—若い教師のためのクラスづくり入門』、『ゼロから学べる授業づくり—若い教師のための授業デザイン入門』(単著、明治図書出版)、『ここから始める「憲法学習」の授業　児童生徒の深く豊かな学びのため』(編著、ミネルヴァ書房)、『実践・事例から学ぶ生徒指導』(編著、トール出版) 他多数。

ホームページhttps://takuboya.wixsite.com/smilecircle

カバー写真：Alexander Spatari / Moment
Getty Images

社会科でまちを育てる

2021（令和3）年 6 月 7 日　初版第1刷発行

著　者　長瀬拓也
発行者　錦織圭之介
発行所　株式会社　東洋館出版社
〒113-0021　東京都文京区本駒込5-16-7
営業部　TEL：03-3823-9206
FAX：03-3823-9208
編集部　TEL：03-3823-9207
FAX：03-3823-9209
振替　00180-7-96823
URL　https://www.toyokan.co.jp
［装　丁］國枝達也
［イラスト］こすげちえみ
［印刷・製本］岩岡印刷株式会社

ISBN978-4-491-04527-6 / Printed in Japan